Mario Marini

Der priesterliche Zölibat – Die apostolische Form des Lebens

fe

Aus dem Italienischen übersetzt von
Dr. Reinhard Knittel und Marcel Frölich

Die italienische Originalausgabe erschien unter dem Titel
„IL CELIBATIO SACERDOTALE -
APOSTOLICA VIVENDI FORMA“
bei Edizioni Cantagalli, Siena, 2005

Hauptstraße 22, D-88353 Kisslegg
www.fe-medien.de
Gestaltung: Renate Geisler
Druck: orth-druk, Bialystok
ISBN: 978-3-939684-50-3
Printed in EU

Mario Marini

Der priesterliche Zölibat – Die apostolische Form des Lebens

Inhalt

1. Teil

2. Teil

3. Teil

Vorwort

von Bischof Gregor Maria Hanke OSB, Bischof von Eichstätt

Zölibatäres Leben – als Gesandter Christi ihm ganz ähnlich werden

Medien haben immer wieder durch Befragungen und durch Verbreitung von Kritik am Zölibat versucht, die Berechtigung des priesterlichen Zölibats an die öffentliche Meinung und deren Fassungskraft zu koppeln. Mitunter wirkte die Berichterstattung so, als ob man einer in Not geratenen Berufsgruppe zu Hilfe eilen und sich für deren Rechte engagieren müsse.

In Zeiten einer breit etablierten Volkskirche und ganz anderer soziologischer Rahmenbedingungen war die zölibatäre Lebensform weniger hinterfragt. Heutzutage jedoch schließen sich viele unreflektiert der Meinung an, angesichts veränderter Zeitverhältnisse sei diese Lebensweise nicht mehr ohne Weiteres zumutbar. Die Versuchung, den Zölibat aufgrund des fehlenden Verständnisses der Gesellschaft als überholt zu erklären, wurde in der jüngsten Diskussion auch da und dort innerkirchlich spürbar. Doch ist hier die Frage entgegenzusetzen, ob nicht gerade die schwierigeren Rahmenbedingungen von heute die ursprüngliche Provokation wieder viel deutlicher machen, die dem Ruf des Evangeliums in die Nachfolge Jesu anhaftet. Jesus rief und ruft in seinen Dienst, damit derjenige, den er sendet, ihm ähnlich wird und seine Existenzweise annimmt. Das schließt aus, sich dem Mainstream der Gesellschaft anzupassen. Nachfolge als Gesandter des Herrn impliziert eine Lebensweise nach Jesu Vorbild. Nachfolge will eine Kontrastgesellschaft, deren Mitte die Torheit des Kreuzes ist.

Jüngerschaft beruht nicht auf Weisheit der Welt, auf Politik und Funktionärswesen, sondern auf Mystik, das heißt auf Einswerdung mit dem

Herrn. Und wer sich für den Zölibat entschieden hat, will als ein dem Herrn geweihter „Dienstmann" sich seiner Existenzweise angleichen. Diesen vom Herrn vorgelebten Weg des Verzichts auf Ehe und Geschlechtlichkeit kann man nur im Glauben ergreifen. Und allein vom Glauben erfüllte Menschen werden diesen Weg verstehen.

Der geschichtliche Weg des Zölibats als Weg zu Christus – dem Ursprung

Es ist allgemein bekannt, dass uns in den Pastoralbriefen des Neuen Testamentes der verheiratete Amtsträger begegnet und dass die zölibatäre Lebensform des Priesters auf einer kirchlichen Festlegung beruht, die allerdings das Ergebnis einer über lange Zeit verlaufenen theologischen Reflexion und Meditation der apostolischen Berufung ist. Diese Reflexion über die zölibatäre Lebensweise als adäquate Existenzform des vom Herrn Gesandten nahm vom Ursprung her ihren Ausgang, von Jesu eigener eheloser Existenzweise. Greifbar wird diese Linie in Jesu Rufen in die Nachfolge.

Mit so großer Radikalität bricht der Anruf des Herrn in das Leben Einzelner ein, dass selbst Familien- und Sozialstrukturen außer Kraft gesetzt werden, und das in einer Gesellschaft, in welcher der Sexualität, der Familie und Nachkommenschaft eine hohe religiöse Bedeutung und Zeichenhaftigkeit zukamen: „... wer Sohn oder Tochter mehr liebt als mich, ist meiner nicht würdig ... Wer das Leben gewinnen will, wird es verlieren; wer aber das Leben um meinetwillen verliert, wird es gewinnen" (Mt 10,37b u. 39). Und an anderer Stelle bei Lukas ist die Rede von denen, die „um des Reiches Gottes willen Haus oder Frau, Brüder, Eltern oder Kinder verlassen [haben]" (Lk 18,29).

Diesen Anspruch des Gottesreiches meditiert und reflektiert in der jungen Kirche Paulus weiter. Im 1. Korintherbrief schreibt er mit Blick auf seine ehelose Lebensform: „Ich wünschte, alle wären (unverheiratet) wie ich“ (1 Kor 7,7). Paulus verweist hier nicht auf zwei Lebensformen als gleichberechtigte Alternativen, sondern er gibt der Lebensform der Ehelosigkeit den Vorzug ganz im Sinne des Gewichts der Rufe in die Nachfolge im Evangelium. Selbst die Ostkirche, die neben dem zölibatär lebenden Priester den verheirateten Priester kennt, hält im Bischofsamt an der ehelosen Lebensform fest. Nun ist aber der Bischof der erste Seelsorger seines Sprengels und damit Typos des Hirten. Somit ist seine zölibatäre Lebensform in spiritueller Sicht nicht die Ausnahmeerscheinung, sondern das Maß.

Im Blick auf diese Bewegung vom Ursprung her kann man den Zölibat des Priesters nicht einfach zum Resultat eines mittelalterlichen Pragmatismus herunterstufen, bei dem man die Lebensweise der Mönche auf die Priester übertrug. Die Worte des Anfangs richten sich nicht an Mönche, sondern an die Gesandten Jesu.

Ebenso verfehlt wäre ein positivistischer Rückzug auf das Kirchenrecht – als ob diese Lebensform ihre Gültigkeit so lange hätte, wie sie kirchenrechtlich festgeschrieben bleibt. Die Haltung des bloßen Rechtsgehorsams, ohne sich an der Existenzform Jesu entzünden zu lassen, wäre keine ausreichende Basis für die zölibatäre Lebensweise. In Sendung und Person Jesu ist diese Lebensform gegründet. Die Glut, die im zölibatären Leben spürbar sein soll, muss von der Gestalt Christi ausgehen.

Die Geschichte des Zölibats kreiste – bei aller Entwicklung – doch immer um den Ursprung. Dabei kann sich der Blick nicht allein auf die historische Person Jesu richten, sondern ebenso auf den wiederkommenden Herrn. Gerade diese Perspektive wird verhindern, zölibatäres Leben durch leibfeindliche Tendenzen zu verfremden. Das in der Weihe vor dem Bischof gelobte zölibatäre Leben ist vielmehr Ausdruck der Leidenschaft für das Gottesreich und sein Kommen, es ist das eschatologische

Zeichen der neuen Fruchtbarkeit des kommenden Reiches, denn „nach der Auferstehung werden die Menschen nicht mehr heiraten, sondern sein wie die Engel im Himmel“ (Mt 22,30), wie Jesus den Sadduzäern entgegnet. Diese Lebensform ist keine Verstümmelung, keine Minderung des Lebens, sondern Vorausgriff, wenn man sie als Gleichwerdung mit Christus gestaltet.

Vom hl. Bonaventura stammt der Satz: Ablationem sequitur amor semper – Der Wegnahme folgt immer die Liebe. Ablatio – Wegnahme – und zugleich amor – Liebe – bilden den Schlüssel, damit das Urbild Christus durch den Verzicht Gestalt annehmen kann. Geleitet von Liebe zum Bild, das er in sich trägt, muss der Bildhauer entfernen, wegnehmen, um aus dem Steinblock das Bild herauszuholen. In der Wegnahme, nicht im Hinzufügen vollzieht sich die Verwandlung des Steins in das Bild. Christus will in uns Gestalt annehmen: In der Weggabe soll sein Bild erkennbar sein, um zu einer größeren Fülle zu werden. Freude und Dankbarkeit gegenüber Gott wachsen in dem, der begreift, dass Gott stets mehr schenken will, als er einem Menschen nimmt. Zölibatäre geben etwas Gottes Raum zu schaffen.

Gregor Maria Hanke OSB
Bischof von Eichstätt

Einführung

Das vorliegende kleine Buch, das ich in diesen Zeilen vorstelle, möchte ich als „Schatz“ bezeichnen und nicht nur Priestern, sondern allen Gläubigen zur Lektüre empfehlen. Bei der eigenen Lektüre ist mir von Neuem jene einzigartige Erfahrung zuteilgeworden, die ich immer dann mache, wenn ich Schriften von Msgr. Marini lese. Auch dieses Mal werden wir beschenkt durch eine sprachliche Ausdruckskraft, die theologisch gut belegt und dicht, doch zugleich auch außerordentlich einfach und grundlegend ist.

In der Tat sind in Msgr. Marinis Theologie zwei Richtungen des theologischen Diskurses miteinander verzahnt: Einmal die ontologische Orientierung, an die uns die theologische Tradition des Abendlandes gewöhnt hat, und zum anderen die spirituelle Richtung, die von innen her die theologische Sprache prägt. Bereits in der Einleitung zur Publikation der geistlichen Exerzitien unseres Autors mit dem Titel *Dalmanuta* habe ich Marinis Sprache hervorgehoben, in der biblische Bezüge, katechetische Dimensionen und spirituelle Erfahrungen vorbildlich miteinander verbunden sind. In dem hier vorliegenden Fall tritt der „anthropologische“ Aspekt des kirchlichen „Zölibats“ nicht einfach zu den biblischen oder lehramtlichen Darlegungen hinzu, sondern er findet seinen eigenen Platz und seinen Stellenwert innerhalb eines sprachlichen und gedanklichen Horizonts, der in sich kohärent ist.

a) Zunächst legt der Text die grundsätzlichen Aussagen über den Zölibat dar und macht dabei deutlich, dass es nicht unmittelbar um das Leben der christlichen Gemeinschaft, sondern um die Begegnung mit Jesus Christus geht und darum, Ihm nachzufolgen. Man kann den Zölibat ganz und in seinem ursprünglichen Sinn nur dann verstehen, wenn man sich auf die außergewöhnliche Erfahrung von Freundschaft zwischen Christus und den Aposteln bezieht. Es geht um ihre Berufung, sich mit ihrem ganzen Leben dem Herrn und Seinem Geheimnis anzugleichen.

„Der heilige Johannes als ‚der Theologe', der ‚Geisterfüllte' und als ‚der Freund' verhilft uns am meisten zu solch einer ‚geistlichen' Lesart. Diese Lesart könnte vielleicht auch folgendermaßen charakterisiert werden: Das schon vor allen Zeiten in Gott verborgene Geheimnis ist die Liebe zwischen Vater und Sohn, die wir als den Heiligen Geist bezeichnen. Auf dieses Geheimnis, das die Herrlichkeit Gottes ausmacht, ist Christus in allem seinem Tun und sogar Gott selbst ganz und gar ausgerichtet, wenn man so sagen darf. Alle anderen Absichten oder Zwecke in Gott sind diesem Geheimnis untergeordnet und ihm gegenüber zweitrangig. So erhaben andere Aspekte Gottes auch sein mögen, sie sind immer auf dieses Geheimnis hingeordnet. Jesus, der Herr, hat ein begrenztes Netz von Jüngern, von Freunden, von ihm eng Vertrauten um sich versammelt. Er hat sie nach seinem Vorbild geprägt und sie schließlich ‚eingesetzt':

- damit durch seine radikale Vertrautheit mit ihnen und durch ihre gegenseitige Vertrautheit ‚wie in einem Spiegel' die unsichtbare und vollkommene Liebe des Vaters und des Sohnes sichtbar gemacht würde
- und damit diese Liebe unendlich fortgesetzt würde; so kann seine immer wieder fortgesetzte und doch neue Liebe überall und zu jeder Zeit sowohl als der Antrieb und schließlich auch als das Wirkungsergebnis der Kirche erscheinen, die das noch größere und vollkommenere Abbild der Dreifaltigkeit ist: ‚Jeder Liebende möchte in der Tat, dass das Bild der eigenen Liebe sich endlos wiederhole und vervielfältige' [Hl. Augustinus, *De Trinitate*]."

„Schon in den ersten christlichen Jahrhunderten war die Beobachtung, wie sehr sich die Christen liebten (vgl. Apg 2,47), das wirksamste ‚Wort', um neue Gläubige für die Wahrheit und für den Glauben an Christus zu gewinnen. Umso mehr wird die Beobachtung wirklicher gegenseitiger Liebe innerhalb der Gemeinschaft der Priester mehr als jedes Wort von der trinitarischen Gemeinschaft ‚sprechen' und dazu bewegen, sich in dieses Liebesgeschehen hineinziehen zu lassen. (...) Die Gute Nachricht der Christen besteht gerade darin, durch die gegenseitige Liebe untereinander den anderen von der Berufung zur Gemeinschaft im dreifaltigen Gott zu künden. Um die Seelen für die Einwohnung der Allerheiligsten Dreifaltigkeit zu öffnen, müssen die Priester den vollen Sinn ihres Priestertums erfassen und verstehen. Dieser volle Sinn zeigt sich als eine Weggemeinschaft, als Brüderlichkeit, gar als Freundschaft, und so als sichtbarer Spiegel des unsichtbaren Gottes."

„Es scheint offensichtlich, dass die großen trinitätstheologischen Themen (...) das Thema des Priestertums selbst leichter verstehbar machen und erhellen. Das Priestertum wird so in einem noch klareren Bezug zum Evangelium erwiesen (genauso verfährt das Zweite Vatikanische Konzil, wenn es verschiedene Themen zunächst einzeln herausgearbeitet und dann in gegenseitige Beziehung gesetzt hat). (...) Vom Evangelium her wird nicht nur Christi ursprüngliches Vorhaben deutlich, Gott gegenüber den Menschen zu offenbaren, sondern auch das geeignete Mittel für die Umsetzung dieses Projektes, nämlich die apostolische Gemeinschaft. Die Jüngergruppe und das Priestertum selbst erscheinen bei Christus als das sichtbare Abbild dessen, was er uns zeigen, uns schenken und uns offenbaren wollte (‚ich in ihnen und du in mir'; ‚damit sie sehen und glauben' ...).

Es könnte schließlich hinzugefügt werden, dass das Priestertum als *ordo*, d. h. als Stand, und als auf die apostolische Gemeinschaft Jesu mit seinen Jüngern bezogenes *corpus,* d. h. als Leib, mehr als nur ein ‚sichtbarer Spiegel des unsichtbaren Gottes' ist. Es handelt sich vielmehr um eine ursprungsgetreue und beständige Erneuerung und ‚Neuerfindung' der unbegrenzten Liebe Gottes an sich, welche die Allerheiligste Dreifaltigkeit ist. Diese Liebe erscheint gleichsam in einer ‚besitzergreifenden' Form, wie es der Liebe eben eigen ist. Gott ist derjenige, der von Neuem erschafft und der beständig nach der ‚Neuerfindung' der trinitarischen Vertrautheit und Nähe strebt."

Diese Brüderlichkeit zwischen den Aposteln und Christus, die von

Generation zu Generation in der priesterlichen Brüderlichkeit mit dem Herrn fortgeführt und verwirklicht wird, stellt auch das dynamische Element dar, das wie ein Sauerteig das ganze Leben und den Fortschritt des christlichen Volkes voranbringt. Das christliche Volk wird also durch dieses Charisma der Nachfolge Christi geführt. Diese Nachfolge bestimmt einige Personen im historischen Sinne zur tatsächlichen, sakramental und zugleich sozial zu verstehenden Führung des gesamten christlichen Volkes. Der kirchliche Zölibat erinnert die ganze Kirche und auch die ganze Welt an den Absolutheitsanspruch Gottes. Er ruft den Menschen die Tiefe der treuen Liebe, die sich in Jesus Christus erweist, ins Gedächtnis. Diese Liebe verbindet sich in besonderer Weise mit dem Los Christi und veranschaulicht schon im Voraus die Freiheit der Kinder Gottes. Sie zeigt klar die geistliche Fruchtbarkeit des neuen Gesetzes und empfängt so die Kraft, die Kirche aufzuerbauen.

Der kirchliche Zölibat zielt in seinem tiefsten Kern folglich auf die beschriebene, völlige Einfühlung in das Los Christi. Dieses Einfühlungsvermögen ruft in der Kirche und für die Kirche einen Schwung auf sicherem Boden hervor, welcher dem gesamten christlichen Volk Halt und Dynamik zugleich verschafft. Die trinitarische Liebe generiert durch den kirchlichen Zölibat, wenn er als eine Einheit angenommen und ohne Vorbedingungen umgesetzt wird, dienstbereite Personen, die in und durch die sakramentale Vermittlung nach den Worten des hl. Karl Borromäus zur *formgebenden Gestalt der Herde (forma gregis)* werden. Auf diese Weise wird die Liebe zu Christus und zu Gott zur Liebe für die ganze Gemeinschaft und darüber hinaus zur Liebe für alle Menschen.

Diese Thematik ist ganz und gar tiefsinnig und faszinierend. Es geht letzten Endes um Betrachtungen, die sich nicht auf Fragen mit rein innerkirchlichem, sei es rechtlichem oder pastoralem Charakter reduzieren lassen. Genauso wenig lässt sich diese Thematik von nur anthropologischen Fragestellungen beanspruchen, die rein weltlich verstanden und behandelt werden. Der Kern und Ursprung des Zölibates ist die völlige Zuneigung zu Christus. Ziel und Gelingen des Zölibates zeigen sich dann in Erfahrungen, die Priester mit der täglichen konkreten Mission des christlichen Volkes in der Gesellschaft und in der Welt machen können.

b) An dieser Stelle möchte ich abschließend auf meine eigene Gesamtsicht der Dinge zu sprechen kommen, die in gewisser Weise noch über die Betrachtungen in diesem hervorragenden Buch hinausgeht.

Jeder vermag leicht zu sehen, dass das Problem der Kirche von heute darin liegt, ihre eigene Identität wieder zur Geltung kommen lassen zu können. Denn nur so kann es einen neuen Frühling der Evangelisierung und der Mission geben. Die moderne und zeitgenössische kirchenfeindlich-laizistische Bewegung hat zwei Jahrhunderte lang versucht, die Glaubensidentität auszulöschen und den missionarischen Eifer der christlichen Gemeinschaft zu zerstören. Das gesamte christliche Volk auf allen seinen Ebenen hat diesem Vernichtungsprozess widerstanden. Es hat mitten in der Welt mit ihren verschiedenen und mitunter tragischen kulturellen, sozialen und politischen Gegebenheiten die klare und tagtägliche Erfahrung von Gemeinschaft und Zusammenhalt gesetzt. Gemeinschaft im Leben der Familien, der Pfarreien, der Zusammenschlüsse, Bruderschaften und Vereinigungen und in jüngerer Zeit schließlich in den Erfahrungen der kirchlichen Bewegungen.

Dieses leuchtende Zeugnis hat sehr oft das Angesicht des Martyriums getragen. Niemals werden wir die 46 Millionen christliche Märtyrer im 20. Jahrhundert vergessen können. Diesem in seiner Opferbereitschaft und in seinen Mühsalen so intensiven und frohsinnigen Widerstand standen große grundsätzliche und praktische Leitlinien des Lehramtes der Kirche zur Seite. In erster Linie denke ich an die große Wegweisung durch die Soziallehre der Kirche, die ihre höchste Ausformulierung im 19. und 20. Jahrhundert erhielt. Doch die Priester, sie waren die wirklich großen Helden des täglichen Widerstandes gegen das Böse und des einfachen und radikalen Vorschlags eines neuen Lebens. Denn in der Kraft ihrer bedingungslosen Liebe zu Christus vermochten sie auch noch so kleine Christengemeinschaften im Guten zu führen. Das dritte Jahrtausend beginnt für die Kirche mit einer großen Herausforderung hinsichtlich der Evangelisierung. Der Widerstand der vergangenen Jahrhunderte muss zu einem neuen Impetus werden. Er muss unsere Verkündigung eines neuen Lebens der Kultur und der Nächstenliebe beflügeln gegenüber einer Welt, die ohne diese Verkündigung und Botschaft weder in richtiger Weise leben noch in menschlicher Weise sterben könnte.

Das vorliegende Büchlein von Monsignore Marini erinnert uns, dass die Triebkraft dieser Erneuerung in der Mission der Kirche jene Kraft ist, die von Jesus Christus selbst festgelegt wurde: die *apostolica vivendi forma* [die apostolische Form des Lebens].

+ Luigi Negri
Bischof von San Marino-Montefeltro,
am 29. Juni 2005, dem Fest der heiligen
Apostelfürsten Petrus und Paulus

1. Teil

Der kirchliche Zölibat und die Brüderlichkeit unter den Priestern

Eine kurze biblisch-theologische und existenzielle Vertiefung der Aussagen des kirchlichen Lehramtes

Einleitung

Es wäre unangemessen, wollte ich mir angesichts der Frage des Zölibats die Kompetenz eines Bibelexegeten oder eines Dogmatikers geben. Vielmehr möchte ich den Weg des christlichen Lebens und der persönlichen religiösen Sensibilität gehen. In dieser Weise stelle ich mich auf jene Ebene, die man modern als „christlichen Existenzialismus" bezeichnen könnte oder in gewohnter Weise als die Optik der „spirituellen Theologie". Es handelt sich dabei um eine interessante Ebene. Sie verwendet durchaus jene biblischen und theologischen Inhalte, die zuvor von den entsprechenden exegetischen und theologischen Wissenschaften erworben worden sind. Sie fügt diese Inhalte dann aber zu einer lebendigen Synthese zusammen, und zwar durch die Sicht und die Redeweise des Herzens (nach dem *Kleinen Prinzen* sieht man ja nur „mit dem Herzen" gut, während die fleischlichen Augen blind bleiben, wie ein Boot, das im Nebel dahinfährt).

Der Dominikanerpater Y. Congar stellte in einem berühmten Aufsatz aus Anlass des sechshundertsten Todestages des Mystikers Johannes Tauler (1961) sehr gut die Unterschiede zwischen der „Sprache der Mystiker" und der „Sprache der Theologen" heraus. Die spirituelle Theologie gebraucht die Inhalte der Dogmatik und der Heiligen Schrift, aber auch der Philosophie, um die persönliche, existenzielle und wirkliche Beziehung zu Gott darzustellen: Es geht also um einen religiösen Bezug und nicht um eine ontologische Voraussetzung. Allerdings würden die Wahrnehmungen, die Aussagen und die Darstellungen der spirituellen Theologie ohne eine theologische Analyse und eine biblische Hermeneutik, aber auch ohne eine philosophische Basis ihr Maß verlieren. Diese wissenschaftlichen Voraussetzungen garantieren der spirituellen Theologie die Fähigkeit, das Wahre und Gültige in ihren eigenen Inhalten zu bewahren.

Bei alldem muss die Tendenz von existenziell bedeutsamen religiösen Aussagen, wie sie für die Sprechweise der Spiritualität typisch sind, berücksichtigt werden: Sie neigen dazu, die persönliche Erfahrung in die Unmittelbarkeit des Sinnes für Gott und für seine Wahrheit zu übertragen. Deshalb verwendet diese Sprechweise in der Regel Ausdrücke und Formulierungen, die nicht „rückwärts" übertragen werden können, wie etwa Aussagen der Ontologie. Es gibt in der Sprechweise der Spiritualen die Formel von einem einfachen und einseitigen Absoluten, das von einem persönlichen und besonderen Gesichtspunkt aus sozusagen exklusiv erscheint gegenüber jedem anderen Gesichtspunkt. Diese anderen Gesichtspunkte sind allerdings möglich und können auch wertvoll sein; der spirituelle Ausdruck ist also durchaus synthetisch und global.

Theologie und Spiritualität sind also zwei verschiedene Sprechweisen, die auf zwei Gesichtspunkten beruhen. Man kann sich aber fragen: Welche Bedingungen und welche Ebene erfordert nun die Sprache der Spiritualität? Ihre Bedingung ist der Anspruch, eine endgültige Haltung und eine spirituelle Wirklichkeit zum Ausdruck zu bringen. Diese spirituelle Wirklichkeit erhält ihre Wahrheit dadurch, dass sie den wahren Bezug der Seele zu Gott verwirklicht: Viele spirituelle Aussagen sind Ausdruck einer Fähigkeit und einer Wirklichkeit, die ausschließlich auf die Gemeinschaft mit Gott und auf das wirkliche Absolute der mit ihm geeinten Person hinzielen.

Von daher also lassen sich Besonderheiten der Sprechweise der spirituellen Theologen erklären, wie der Gebrauch von *Entgegensetzungen in den Begriffen und von generellen und absoluten Feststellungen*. Da es dabei aber um das Absolute Gottes geht, werden auch *paradoxe Vergleiche und Antinomien* verwendet. Und dies nicht nur in hyperbolischer Weise, sondern um die volle Wirklichkeit zu erreichen. Diese spirituelle Sprache lässt die *Wirklichkeit* also *mehr hervortreten*. In etwa so, wie Michelangelo die Wirklichkeit besser hervortreten lassen und bestätigen konnte, indem er die Proportionen erweiterte.

Die der spirituellen Beziehung eigentümliche „Ontologie" besitzt ihre Einheit und Sicherheit nur jenseits der natürlichen Ontologie. Die Sprechweise der Spiritualität baut zwar zunächst auf den Ergebnissen der anderen menschlichen Wissenschaften und der Theologie auf, allerdings um dann die *Unaussagbarkeit* der Beziehung zu Gott und Gottes selbst auszudrücken. Diese *Unaussagbarkeit* der spirituellen Theologie liegt also jenseits der *theologischen Wahrheit* und der ihr eigenen Unaussagbarkeit (als die Sprechweise der Theologen).

Sicher muss eine Sprechweise der *Unaussagbarkeit*, der negativen Theologie in menschlichen Worten, nicht notwendig blasphemisch sein. Man denke etwa an die Tatsache, dass die göttliche Offenbarung in menschlichen Worten gegeben wurde, bis hin zum extremsten Wort der Inkarnation. Wohl aber könnten so manche Aussagen großer Spiritueller blasphemisch erscheinen. Und doch lässt die klassische Theologie eine solche Sprechweise zu und rechtfertigt sie, weil sie in der Lage ist, die Transzendenz durch eine geeignete Analogie zum Ausdruck zu bringen.

Zum Schluss dieser einführenden Bemerkungen soll gesagt sein: Die menschlichen Wissenschaften *(Philosophie)* und die theologischen Wissenschaften *(Dogmatik und Bibeltheologie)* wollen eine wissenschaftliche Auseinandersetzung mit der Natur der religiösen und der menschlichen Gegebenheiten erlangen. Die spirituelle Theologie bringt durch ihre paradoxe und doch treffende, ihre absolute und genaue Sprechweise hingegen zweierlei zum Ausdruck: Zum einen die lebendige Erfahrung der transzendenten Wirklichkeit und zum anderen die richtige spirituelle und existenzielle Haltung vor ihr.

Das Ziel dieser langen Einleitung ist, den Verlauf der folgenden Erörterung zu rechtfertigen, der durch zwei Abschnitte markiert wird:

Abschnitt A: *eine Würdigung des evangeliumsgemäßen Befunds zum Zölibat und zur Brüderlichkeit (in der Weise der theologisch-biblischen Sprache),*

Abschnitt B: *eine tiefere Lesart dieses Befunds nach der existenziellen Absicht unseres Herrn Jesus (mit Hilfe der spirituellen Sprache, also real-existenziell).*

Abschnitt A: Der Befund der Evangelien zum Zölibat

1) Die Aussagen der Evangelien

Die erste Ursprungslinie der zölibatären und brüderlichen Lebensweise, wie sie die Kirche den Priestern heute vorgibt, ist die Lebensgemeinschaft mit dem Herrn Jesus: Man wird also zu den Texten des Neuen Testaments zurückkehren müssen und zur Erfahrung der ersten Gemeinden. – Wie spricht das Neue Testament von dieser zölibatären und gemeinschaftlichen Erfahrung mit Christus? Welche Motive werden dafür gegeben? In welchem Umfeld wird sie gelebt? Welche Bedeutung und welche Perspektive erhält sie?

Die Antwort auf solche Fragen kann angesichts der Weite der zu berücksichtigenden Texte nur mehrschichtig und differenziert sein. Allerdings kann man durchaus sagen, dass es heute unter den ernst zu nehmenden Forschern eine Übereinstimmung darüber gibt, dass der Herr Jesus nicht verheiratet war. Hat er eine solche Lebensweise etwa auch für seine Jünger vorgegeben? In den Evangelien fehlen ja keineswegs die Aussagen, die einen Bruch mit den familiären Beziehungen vorsehen. Natürlich handelt es sich dabei um Aussagen, die wie alle Aussagen der Evangelien jeweils verschiedene Ebenen an Tiefe und unterschiedliche Adressaten besitzen. Dennoch wird man etwa für Mt 19,12 annehmen dürfen, dass sich dieses Wort an einen eher eingeschränkten und konzentrierten Adressatenkreis richtet, für den eine spezifisch zölibatäre Lebensweise vorgesehen ist.

Die neueren Untersuchungen versuchen, die aktuelle Textgestalt der Evangelien zu übersteigen, um die Bedeutung der verschiedenen Worte zur Nachfolge Christi im Kontext der Predigt Jesu herauszufiltern. Auch versuchten die Theologen und Exegeten, jener Traditionslinie zu folgen, gemäß der die Worte Jesu schließlich in die Redaktion der Evangelien mündeten. Diesbezüglich meinen die Forscher des Weiteren, dass der Tenor der Aussagen Jesu in einem viel wörtlicheren Sinn zu verstehen sei, als sich manche vorstellen können.

So wird es möglich, die Aussagen über das Verlassen der Familie in einem viel radikaleren Sinn heranzuziehen und zu prüfen, als es etwa „liberale Vorurteile" zulassen mögen. Die Worte Jesu, die sich auf das Verlassen der Familie beziehen und die zölibatäre Problematik der „Nachfolge Christi" betreffen, sind im Wesentlichen die folgenden: Lk 14,26 und deren Parallelen; Lk 18,29.30 und deren Parallelen; schließlich Mt 19,12: „Wenn jemand zu mir kommt und nicht Vater und Mutter, Frau und Kinder, Brüder und Schwestern, ja sogar sein Leben gering achtet, dann kann er nicht mein Jünger sein." „Amen, ich sage euch: Jeder, der um des Reiches Gottes willen Haus oder Frau, Brüder, Eltern oder Kinder verlassen hat, wird dafür schon in dieser Zeit das Vielfache erhalten und in der kommenden Welt das ewige Leben."

Angesichts der Zielsetzung meiner Untersuchung muss ich hinsichtlich der Literarkritik dieser Stellen auf Fachuntersuchungen verweisen (z. B.: B. PROIETTI: *La scelta celibataria alla luce della Sacra Scrittura.* In: *AA.VV., Il Celibato per il Regno.* Claretianum, Mailand 1977, 9–75). Und doch wird gerade auf der Grundlage dieser Untersuchungen klar, dass die zitierten Aussprüche Jesus selbst in den Mund gelegt werden müssen. Jesus hat sie an den Kreis seiner Jünger gerichtet. Der Anruf des Herrn hatte tatsächlich den Charakter der Absolutheit und eine eschatologische Bedeutung. Dasselbe wie für den Zölibat gilt für Jesu Verkündigung des Reiches: Beide erlauben keine Verschiebung oder Abschwächung. Dies führt bei Lukas sogar zu der Forderung, auch die eigenen Ehefrauen zurückzulassen: „Der Aufruf zur Nachfolge und zur Mitarbeit an der Sendung Jesu forderte von den Berufenen – und nur von ihnen – das Abbrechen aller familiären Bande einschließlich jenes der Ehe“ (vgl. ebd., 41ff.). Wie das Leben des Herrn ganz auf die Verkündigung des Reiches Gottes hingeordnet war, so gilt dies auch für das Leben derer, die berufen waren, ihm nachzufolgen. Um in Gemeinschaft mit der Sendung und mit dem Schicksal Jesu leben zu können, musste dieses Leben ganz und gar dem missionarischen Dienst am Reich geweiht sein.

Ganz besonders wichtig erscheint dann aber das berühmte Wort Jesu, das wir in Mt 19,12 finden: „Manche sind von Geburt an zur Ehe unfähig, manche sind von den Menschen dazu gemacht und manche haben sich selbst dazu gemacht – um des Himmelreiches willen.“ – Jesus spricht hier von einer Vielzahl damals lebender Männer, die sich durch eine Entscheidung in der Vergangenheit und „wegen des Reiches“ in freier Weise unfähig machten, in einer Ehe zu leben (ein berühmter Ausspruch des „ersten“ Schillebeeckx geht dahin, dass in Form des priesterlichen Zölibats einige Männer sich freiwillig unter die Macht des totalen Dienstes am Reich begeben haben; in der Folge sind sie unfähig, die eheliche Berufung anzunehmen: „nicht können – Eunuchen – verschieden sein“). Diese Entscheidung der Vergangenheit könnte also zusammenfallen mit dem Eintritt in die unmittelbare und dauernde „Nachfolge“ Jesu. Diesbezüglich wäre auch ein Hinweis auf die Berufungsgeschichte der ersten Jünger im

Johannesevangelium angebracht: Das vierte Evangelium präsentiert uns vom historischen Gesichtspunkt aus die ersten Gefährten Jesu. Sie waren zuerst Jünger von Johannes dem Täufer, die dann von Jesus im Jordantal berufen wurden. Also dort, wo Johannes – der aller Wahrscheinlichkeit nach auch nicht verheiratet war – selbst Jünger hatte, die strengen aszetischen Regeln folgten. Jesus hätte somit, nach dem Johannesevangelium, einen ersten Kern von Jüngern aus einigen dieser Männer gebildet, die zusammen mit dem Täufer den Zölibat gelobt hatten.

Hier könnte das große evangelische Thema der „Nachfolge" Christi angefügt werden. Unter den verschiedenen Dimensionen der Nachfolge war wohl die engste und eigentümlichste Ebene jene der Jünger des Herrn, die ihre familiären Bindungen aufgaben und für immer mit ihm weggingen (Mk 3,14). Für sie hatte Jesus besondere Regeln des Lebens und des Verhaltens erlassen (Mk 9,35; Lk 22,27; Mk 9,50b; Mt 7,3 u. v. a.).

Den Befund der Evangelien zusammenfassend kann Folgendes gesagt werden: Die Überprüfung einiger Aussagen Jesu und der historischen Erfahrung seiner „Nachfolge" legen nahe, dass sich in den Berufenen ein Abstand von den familiären Bindungen, auch von jenen zur Ehefrau und zu den eigenen Kindern, ergab. So wurden sie geeignet für eine unmittelbare und dauernde „Nachfolge" Jesu.

Zum einen übte die Person Jesu – die Außerordentlichkeit der von ihm vollbrachten Zeichen, die Autorität seiner Worte, die intensive gemeinschaftliche Erfahrung – eine große Faszination auf sie aus. Dann aber gab es auch die Empfindung, dass in diesem Kern tatsächlich die eschatologische Wirksamkeit Gottes verborgen sichtbar wurde. Das Motiv für das „Abstand-Nehmen" war, sich mit Jesus für den Dienst am Reich zur Verfügung zu stellen, „um mit ihm zu sein und um sie zur Predigt auszusenden" (Mk 3,14).

Dieser Beweggrund führt uns aber zur Wahrnehmung, dass die Beziehung zu Jesus konkret in der Wirklichkeit einer kleinen brüderlichen und freundschaftlichen Gemeinschaft gelebt wurde. Diese Gemeinschaft war um Jesus herum geeint und erhielt Anteil an seinem Leben und an seinem Geschick. Der Verzicht auf die familiären Bindungen führte also zum gemeinsamen Leben und zur Freundschaft mit Jesus von Nazaret sowie zur Bekanntschaft mit anderen Jüngern, mit denen man zusammenlebte und tiefe und dauerhafte Beziehungen unterhielt. Ja, auch der Dienst am Reich gestaltete sich historisch als ein Dienst, der „gemeinschaftlich" ausgeübt wurde. Es findet sich sogar das Bewusstsein, dass die „Gruppe" als solche, mit ihrem Dasein und ihrem Leben, die Prophetie, der Spiegel, das Abbild, das Zeichen des Reiches darstellt. Dadurch wurde das unsichtbare Geheimnis sichtbar gemacht, nämlich die Liebe des Vaters und des Sohnes (vgl. Lk 10,1ff.; Mk 6,7; Lk 10,17 u. a.).

Es handelt sich also nicht um einen Verzicht auf familiäre Bindungen im Sinne einer Abwertung oder eines Misstrauens ihnen gegenüber oder im Sinn einer ausschließlichen Beziehung zu Gott: Die Einladung, die eheliche und die familiäre Bindung überhaupt aufzugeben, zielt vielmehr auf die Aufnahme einer anderer interpersonalen Beziehung hin. Es geht um die Beziehung mit Jesus und mit den Gefährten in der kleinen apostolischen Gemeinschaft, dann aber allgemein auch um die Beziehung mit den Empfängern des Evangeliums. An der Lektüre der Evangelien beeindruckt vor allem, dass der Verzicht auf die familiären Bindungen gerade nicht eine allgemeine Verurteilung dieser menschlichen Bindungen sein wollte. Der Herr hat von allem Anfang an auf die Bildung einer Gemeinschaft von Jüngern hingearbeitet, in der alle eng verbunden sein sollten durch eine tiefe und besondere Beziehung zueinander. Er selbst fand den richtigen Namen dieser neuen Beziehungswirklichkeit: „Ich nenne euch nicht mehr Knechte, sondern Freunde, denn ihr seid meine Freunde" (vgl. Joh 15,14.15). Denn in der Tat: „Es gibt keine größere Liebe, als wenn einer sein Leben hingibt für seine Freunde" (Joh 15,13). Die *Freundschaft* war also für Jesus die Analogie, die Kategorie, die Wirklichkeit, die interpersonale Beziehung, das sichtbare Spiegelbild der unsichtbaren Liebe Gottes.

2) Die nachösterliche Tradition der Worte Jesu

Die Worte des Herrn Jesus wurden in der Zeit zwischen seiner Himmelfahrt und der Niederschrift der Evangelien mündlich überliefert, und zwar von jenen Zeugen, die sie selbst gehört, die sie gelebt und bewahrt hatten. Vor allem aber wurden die Worte Jesu existenziell überliefert durch das wirkliche Leben ihrer Zeugen: Sie lebten „die Bräuche des Herrn“ (*Didachè*, 11,8) und redeten von dem, was sie lebten.

Es gibt ein ausdrückliches Zeugnis (die sogenannte Quelle Q), nach dem in der ersten palästinensischen Gemeinde die Regeln der Aussendungsrede Jesu (vgl. Mt 10) zu einer Art Verhaltenskodex wurden. Die dort enthaltenen Aussagen zur *Nachfolge*, die sich auf eine entwurzelte Existenz beziehen, auf einen Bruch mit der Familie, auf die Gefahren für das eigene Leben, hätten in diesem Kontext eine wörtliche Auslegung erfahren. Zeugin dieser radikalen Auslegung der Worte des Herrn Jesus über die *Nachfolge* sei in gewisser Weise auch die Gemeinde von Korinth gewesen. Zumindest hinsichtlich dessen, was die Aussagen zum Zölibat betrifft, wie aus dem siebten Kapitel des ersten Korintherbriefs ersichtlich sei.

Die in Korinth beheimatete rigoristische Strömung („es ist gut für den Mann, keine Frau zu berühren“) bildet die extremistische und radikalisierte Richtung der wahren palästinensischen Überlieferung der Worte des Herrn Jesus. Deshalb wurde diese Strömung, eben als eine extremistische und radikalisierte Richtung, vom hl. Paulus in 1 Kor 7 korrigiert. Der Text über den Zölibat in 1 Kor 7 ist also vom rigoristischen Kontext her zu deuten, gegen den der hl. Paulus Stellung nehmen muss. Dies tut er, indem er zunächst vom Primat Christi in unserem Leben und von unserer Zugehörigkeit zu ihm ausgeht. Auf dieser Grundlage aber weist er die praktische Schwierigkeit auf, das eheliche Band mit dem Dienst am Herrn vereinen zu können. Dies lässt jedoch nicht den Schluss zu, dass der Unverheiratete keine andere tiefe Beziehung leben dürfe als nur jene mit dem Herrn. Zum einen deshalb, weil man nicht einfach ein zusätzliches Element in die Überlegung des hl. Paulus einfügen darf. Zum anderen muss man sich – wie immer bei ähnlichen Fällen – auf die Lebenssituation des hl. Paulus selbst rückbeziehen. Denn er unterhält ja, abgesehen von der tiefen Zuneigung, die ihn an die Gläubigen der verschiedenen Ortskirchen bindet, auch persönliche Beziehungen tiefer Freundschaft mit ganz bestimmten Personen und vor allem mit seinen unmittelbaren Mitarbeitern: Timotheus als Erstem und dann Titus, Silvanus, Lukas u. a. (vgl. H. RONDET, *Les amitiés de S. Paul*. In: N.R.T. 77 (1955), 1050–1066). Man kann sogar sagen, dass der hl. Paulus immer in Gesellschaft anzutreffen war. Er lebte in ganz engen solidarischen Bindungen mit ihm sehr eng verbundenen Mitarbeitern, was auch die Anreden seiner Briefe deutlich zeigen.

Wie weit ist von diesem hl. Paulus, einem nicht verheirateten Mann, die Figur des „stoischen Philosophen" entfernt! Diese in sich sehr zwiespältige Figur versuchte, eine gewisse stoizistische, abgehoben von allem Körperlichen sich bewegende, spiritualistische Richtung in der Kirche hier und dort unverständlicherweise aufzuwerten. Diese Richtung suchte das wahre Bild Christi durch eine gefährliche Übertünchung mit diesem aszetischen Scheinideal umzufärben. Und diese Übertünchung wiederum führte nicht selten dazu, dass schwere Schäden für eine korrekte Sicht des Weihesakramentes und noch mehr des Ehesakramentes erfolgten. Der Typos des Stoikers flieht die Nichtigkeit dieser Welt und die Flüchtigkeit der menschlichen Gefühle, um sich allein auf die einzige ewige Wahrheit zu konzentrieren. Für den hl. Paulus hingegen hindert der Grundsatz „nicht mehr ich lebe, sondern Christus lebt in mir" (Gal 2,20) keineswegs die tieferen Bindungen der Freundschaft, wie oben erinnert, sondern im Gegenteil, er fördert sie noch.

Auch aus der Apostelgeschichte kann man entnehmen, dass die Gruppe der Jünger Jesu in der nachösterlichen Zeit jenen Lebensstil beibehalten und verfolgt hat, den Jesus selbst mit ihnen geführt hat. In diesem vitalen Ambiente haben sich auch die Worte Jesu bis zu ihrer endgültigen Niederschrift erhalten. Die Apostelgeschichte dokumentiert in weitem

Sinne dieses Phänomen und zeigt uns verschiedene besondere Aspekte: Reisen von Jüngergruppen, von Jüngerpaaren, von Einzelnen, aber auch längere Aufenthalte von solchen Gruppen (z. B. in Antiochien, wo die fünf Jünger – nämlich Barnabas, Simon Niger, Luzius Cyraeneus, Menahem und Paulus – das Kollegium der religiösen Autorität darstellten, vgl. Apg 13,1–2). Um noch viele Beispiele zu finden, möge man einfach in der Apostelgeschichte nachschlagen.

Somit ergibt sich folgende Zusammenfassung zur nachösterlichen Überlieferung der Worte Jesu: Die Worte Jesu und sein Beispiel haben nach seiner Auferstehung die radikale Wahl des Verzichts auf die Familie um der Nachfolge Jesu und um des Evangeliums willen gefestigt und zum Blühen gebracht. Der vorösterliche Ruf Jesu hat also auch weiterhin Kraft und Bestand. Nun allerdings kommt hinzu, dass die Entscheidung für das Verlassen des familiären Kontextes einem Leben gilt, in dem der Herr nicht unmittelbar sichtbar zugegen bleibt. Abgesehen aber von dieser sicher nicht bedeutungslosen Veränderung, scheint es keine anderen wesentlichen Veränderungen an dieser Lebensform gegeben zu haben. Somit sehen wir die grundlegende Erfahrung eines Gruppenlebens, einer missionarischen Gemeinschaft, einer evangelisierenden Paarbeziehung sich weiter fortsetzen („Er sandte sie zu zweien aus" in jede Stadt und in jeden Ort, wohin er selbst gehen wollte – Lk 10,1), zum Beispiel bei Paulus. Diese Erfahrung entwickelt sich von innen heraus zu einer noch umfassenderen Bruderschaft, die ihrerseits von jener engeren Bruderschaft der Jünger „wie als Sauerteig" gezeugt wird.

Nach Ostern den familiären Gefühlen und einer ehelichen Verbindung zu entsagen, um dem Ruf des Herrn Jesus zu folgen, bedeutet also nicht, jedweder menschlicher Bindung zu entsagen, um sich nur Gott oder nur Jesus zu weihen – oder nur für einen kirchlichen Dienst (für eine Tätigkeit). Es bedeutet in der Regel auch nicht, dass ein Leben für den Glauben an den Herrn Jesus in das Ghetto eines entpersönlichten, stoisch verstandenen Aszetismus führen muss. Vielmehr führte der Glaube an Jesus zu jener Lebensform, die dann in den folgenden Jahrhunderten immer mit großer Wertschätzung und Ehrfurcht als *apostolica vivendi forma* (apostolische Lebensform) bezeichnet wurde.

3) Die Redaktion der Evangelien hinsichtlich der Worte über die „Nachfolge"

Über das hier zu behandelnde Thema wurden schon zuvor einige Anmerkungen gemacht. Sie sollen hier nicht noch einmal wiederholt werden. Wohl aber sei gesagt, dass einige auf die Evangelien spezialisierte Exegeten (vgl. z. B. D. MARZOTTO: *Celibato Sacerdotale e Celibato di Gesù.* Mailand 1987, 93) das Thema von Mt 19,12 im weiteren Kontext der Kapitel 19–20 des Matthäusevangeliums entfalten. Sie zeigen einerseits, wie fehlerhaft die Lesart gewisser Exegeten ist, die den Vers Mt 19,12 einschränkend nur auf die „nicht wiederverheirateten Geschiedenen" beziehen wollen. Andererseits legen die besagten Exegeten dar, wie die Evangelisten wohl kaum jene vergessen konnten, die in ihrer Zeit unter den „Jüngern" die Mitwirkenden oder Weiterführenden der apostolischen Sendung waren: „manche haben sich selbst zu Eunuchen gemacht um des Himmelreiches willen" (Mt 19,12).

Im Blick auf diese Ergebnisse der speziellen Exegese zu Mt 19,12 wäre es hier nützlich, noch einmal die Gesamtzusammenfassung einer guten Exegese des Textes aufzunehmen. Der Evangelist Matthäus redigierte sein Evangelium vor allem, um den verpflichtenden Charakter des christlichen Lebens darzustellen. In diesem Kontext präsentiert er die Gestalt der Ehelosen „um des Himmelreiches willen". Es handelt sich dabei um Personen, die für den Dienst im Namen und Auftrag Jesu auf die eheliche Lebensform verzichtet haben. Die Gründe hierfür sind zum einen die Begegnung mit dem *Anfang des Reiches* in der kleinen Gemeinschaft, für die der Herr Jesus das Zentrum darstellte. Zum anderen stellten sie sich in der Nachfolge Jesu und im Blick auf das *kommende Reich* in den Dienst am Reich und an seiner Verkündigung.

Der Verzicht auf eine eheliche Verbindung („nicht anders sein zu können“ = „Eunuchen“ also) bedeutet aber nicht ein Verzicht auf eine menschliche Verbindung, auch tiefer Art. Es gibt zum einen die zentrale Verbindung mit dem Herrn Jesus, der beschrieben wird als Mensch *in Beziehung* mit den Menschen. Aber auch die Verbindung mit den anderen „Ehelosen um des Himmelreiches willen“ ist nicht nur ein nebensächliches Faktum, sondern bestimmend für die Entscheidung zum Verzicht auf die eheliche Verbindung. Denn die neue Wirklichkeit dieser Bruderschaft ist es, die zum Verzicht auf die eheliche Lebensform geführt hat. Es handelt sich nämlich um die „neue Familie“ des Herrn Jesus in ihrem Insgesamt, darum also auch in ihren zukünftigen und apostolischen Perspektiven. So bildet sich eine Nähe zwischen Zölibat und Verkündigung des Reiches heraus.

Und schließlich waren auch die „Zwölf“, deren Erfahrungen in Analogie zu den Erfahrungen der „Eunuchen um des Himmelreiches willen“ zu sehen sind, eingeladen, alles zurückzulassen, um so mit dem eschatologischen Dienst des Herrn verbunden zu sein. Auch wenn diese Szenen der Berufung paradigmatischen Wert für jede Berufung besitzen, so muss man doch ihren unmittelbaren, objektiven und prägenden Wert im vollen Sinn für jene sehen, die wirklich alles zurückließen, um Jesus im Hinblick auf das Reich zu folgen.

Allgemeine Zusammenfassung des Abschnitts A: drei Punkte zum Befund der Evangelien

Im Neuen Testament wäre es unmöglich, von einer in sich selbst begründeten Lebensform des Zölibats auszugehen, d. h. von einer Lebensform, die unabhängig definiert würde von einer viel komplexeren existenziellen Situation (der *Nachfolge*) und von einem Netz an Beziehungen, in welches die zölibatär lebenden Personen eingegliedert sind. Zudem kann wahrgenommen werden, dass der Akzent nicht so sehr auf den Verzicht fällt, den man in dieser Lebensform eingehen muss, oder der sich darin auferlegt. Ebenso wenig fällt der Akzent auf ein affektives Zurücktreten von den familiären Bindungen als vielmehr auf die positiven Beweggründe, die zu dieser Wahl geführt haben. Im Neuen Testament kommt es nicht zu einer Reflexion über allgemeine und theoretische Prinzipien – die übrigens sehr stoisch wäre –, um von dieser Reflexion aus dann das Aussehen einer konkreten Berufung abzuleiten. Das Neue Testament stellt vielmehr eine ganz konkret gelebte Situation dar mit ihren unabwendbaren existenziellen Anforderungen, die spontan und freiwillig für das Reich in Jesus Christus angenommen werden. Wenn man im Neuen Testament von Personen liest, die für das Reich auf die Ehe verzichtet haben, fügt sich dies ein in einen viel weiteren Bereich von Beziehungen. Anders gesagt: Diese Personen sind eingefügt in ein viel größeres Umfeld von Beziehungen, die ihrerseits die wirklich bedeutsamen Bezugspunkte für die Bestimmung dieser Lebensform darstellen.

Eine ganz klare Tatsache, die sich aus der historischen Kenntnis über Jesus und aus dem Bericht des hl. Matthäus ergibt, ist jene, dass der Zölibat als ein Verzicht anzusehen ist, den einige eingehen, um sich gemeinsam mit dem Herrn Jesus im Hinblick auf das Reich dem Dienst am Evangelium zu weihen. Eine zweite Tatsache aus der Überlieferung der Worte Jesu und ihrer Niederschrift (z. B. beim hl. Matthäus) bringt uns den Zölibat nahe als Verzicht einiger Personen auf die Ehe, um in verschiedenen Formen die Erfahrung der Gruppe um den Herrn Jesus herum fortzusetzen. Dies geschieht immer für den Dienst am Evangelium, aus Liebe zum Herrn und in Erwartung seiner Wiederkunft. Man sieht also eine wesentliche Kontinuität zwischen der Erfahrung zur Zeit Jesu und der nachfolgenden Zeit, in der die eschatologische Erwartung des Reiches vorherrscht. Diese Erwartung wird als wichtiger und wertvoller angesehen als alles andere, und sie nimmt dementsprechend auch ganz in Beschlag.

Die so geschehende Verkündigung des Reiches und damit auch des Herrn Jesus, der ja das Zentrum des Reiches darstellt, relativiert zwar die eheliche Lebensform, aber sie isoliert nicht die einzelnen Person oder verdammt sie zum Individualismus. Vielmehr fügt diese Verkündigung die beteiligten Personen ein in ein Geflecht neuer, tiefer Beziehungen („apostolischer" Beziehungen), damit sie *zusammen* sichtbarer Spiegel (deshalb auch lebendige Verkündigung) und Sauerteig (also immer bestimmend für das Reich) der unsichtbaren Liebe Gottes seien (für eine noch genauere Auseinandersetzung wäre sinnvoll die Lektüre von: J. GALOT: *Lo stato di vita degli Apostoli.* In: Civiltà Cattolica 1989, 327–340).

Abschnitt B: Zugang zu einer tieferen Lesart des Evangeliums im Sinne der existenziellen Absicht des Herrn – ein „spiritueller" Schlüssel für die biblisch-theologischen Inhalte

Der heilige Johannes als „der Theologe", der „Geisterfüllte" und als „der Freund" verhilft uns am meisten zu solch einer „geistlichen" Lesart. Diese Lesart könnte vielleicht auch folgendermaßen charakterisiert werden: Das schon vor allen Zeiten in Gott verborgene Geheimnis ist die Liebe zwischen Vater und Sohn, die wir als den Heiligen Geist bezeichnen. Auf dieses Geheimnis, das die Herrlichkeit Gottes ausmacht, ist Christus in allem seinem Tun und sogar Gott selbst ganz und gar ausgerichtet, wenn man so sagen darf. Alle anderen Absichten oder Zwecke in Gott sind diesem Geheimnis untergeordnet und ihm gegenüber zweitrangig. So erhaben andere Aspekte Gottes auch sein mögen, sie sind immer auf dieses Geheimnis hingeordnet. Jesus, der Herr, hat ein begrenztes Netz von Jüngern, von Freunden, von ihm eng Vertrauten um sich versammelt. Er hat sie nach seinem Vorbild geprägt und sie schließlich „eingesetzt":

- damit durch seine radikale Vertrautheit mit ihnen und durch ihre gegenseitige Vertrautheit (vgl. die *intima fraternitas sacramentalis in Presbyterorum Ordinis,* Nr. 8) „wie in einem Spiegel" die unsichtbare und vollkommene Liebe des Vaters und des Sohnes sichtbar gemacht würde

– und damit diese Liebe unendlich fortgesetzt würde; so kann seine immer wieder fortgesetzte und doch neue Liebe überall und zu jeder Zeit sowohl als der Antrieb und schließlich auch als das Wirkungsergebnis der Kirche erscheinen, die das noch größere und vollkommenere Abbild der Dreifaltigkeit ist: „Jeder Liebende möchte in der Tat, dass das Bild der eigenen Liebe sich endlos wiederhole und vervielfältige“ [Hl. Augustinus, *De Trinitate*].

„Wie du, Vater, in mir bist und ich in dir bin, sollen auch sie in uns sein, damit die Welt glaubt, dass du mich gesandt hast …“ (Joh 17,21).

Am 25. Oktober 1993 wurde an der Päpstlichen Universität Gregoriana eine interessante Doktorarbeit in spiritueller Theologie verteidigt (541 Seiten). Sie trägt den Titel *Die sakramentale Brüderlichkeit der Priester.* Autor ist der Priester *Carlo Bertola*, als Betreuer der Arbeit fungierte *P. Francis Sullivan SJ.* Von dieser Arbeit erschien ein Vorabdruck unter dem Titel *Priesterliche Brüderlichkeit* (vgl. C. BERTOLA, *La fraternità sacramentale dei presbiteri: aspetti teologici e loro riflessi nella vita concreta del sacerdote,* Rom 1994, mit einer ausführlichen und sehr nützlichen Bibliografie). Auf den Seiten 101 bis 103 der These von Dr. Bertola wird das Thema „Von der trinitarischen Gemeinschaft zur apostolischen und priesterlichen Gemeinschaft“ aufgenommen und beschrieben. Auf den Seiten 103 bis 105 findet sich das Kapitel über „Die priesterliche Brüderlichkeit als ‚Spiegel‘ der trinitarischen Gemeinschaft“. Dann folgen Kapitel über „Die Priester als Ikone Gottes, der Gemeinschaft ist“ und über „Das letzte Abendmahl als Höhepunkt der Nähe und Brüderlichkeit“, sodann über „Die apostolische Einrichtung der priesterlichen Gemeinschaft“, „Von der Dreifaltigkeit zur sakramentalen Brüderlichkeit der Priester“, „Die Form der Urkirche“ etc. Carlo Bertola schreibt: „Durch die wahre, wirkliche und brüderliche Liebe geben die Priester die trinitarische Liebe des Vaters, des Sohnes und jenes Geistes, der die Liebe selbst ist, kund und werden sich ihrer bewusst. Es handelt sich um jene Liebe, die sich Vater, Sohn und Heiliger Geist gegenseitig austauschen und schenken, der Sohn ebenso wie der Vater, und die auch ihnen geschenkt wurde. So ist es möglich, in der gegenseitigen Brüderlichkeit innerhalb der priesterlichen Gemeinschaft den Geist jener Liebe zu erkennen und zu „sehen", der vom Vater und vom Sohn ausgeht, der dann auch durch die Priester allen Gläubigen geschenkt wird" (Seite 103).

Weiter ist in der Arbeit zu lesen: „Schon in den ersten christlichen Jahrhunderten war die Beobachtung, wie sehr sich die Christen liebten (vgl. Apg 2,47), das wirksamste „Wort", um neue Gläubige für die Wahrheit und für den Glauben an Christus zu gewinnen. Umso mehr wird die Beobachtung wirklicher gegenseitiger Liebe innerhalb der Gemeinschaft der Priester mehr als jedes Wort von der trinitarischen Gemeinschaft „sprechen" und dazu bewegen, sich in dieses Liebesgeschehen hineinziehen zu lassen. (...) Die Gute Nachricht der Christen besteht gerade darin, durch die gegenseitige Liebe untereinander den anderen von der Berufung zur Gemeinschaft im dreifaltigen Gott zu künden. Um die Seelen für die Einwohnung der Allerheiligsten Dreifaltigkeit zu öffnen, müssen die Priester den vollen Sinn ihres Priestertums erfassen und verstehen. Dieser volle Sinn zeigt sich als eine Weggemeinschaft, als Brüderlichkeit, gar als Freundschaft, und so als sichtbarer Spiegel des unsichtbaren Gottes" (Seiten 103–104).

„Es scheint offensichtlich, dass die großen trinitätstheologischen Themen (...) das Thema des Priestertums selbst leichter verstehbar machen und erhellen. Das Priestertum wird so in einem noch klareren Bezug zum Evangelium erwiesen (genauso verfährt das Zweite Vatikanische Konzil, wenn es verschiedene Themen zunächst einzeln herausgearbeitet und dann in gegenseitige Beziehung gesetzt hat).

(...) Aus dem Evangelium leuchtet nicht nur die ursprüngliche Absicht Christi heraus: Gott dem Menschen zu offenbaren, sondern auch das Mittel, um dies in Gang zu setzen: die apostolische Gemeinschaft. Und die Gruppe der Jünger, ja das Priestertum selbst, erscheint im Geist

Christi wie das sichtbare Abbild, das Er uns manifestieren, schenken und offenbaren möchte. Dazu ist er in die Welt gekommen (‚ich in ihnen und du in mir', ‚damit sie sehen und glauben' ...)" (Seite 104).

„Es könnte schließlich hinzugefügt werden, dass das Priestertum als *ordo*, d. h. als Stand, und als auf die apostolische Gemeinschaft Jesu mit seinen Jüngern bezogenes *corpus*, d. h. als Leib, mehr als nur ein ‚sichtbarer Spiegel des unsichtbaren Gottes' ist. Es handelt sich vielmehr um eine ursprungsgetreue und beständige Erneuerung und ‚Neuerfindung' der unbegrenzten Liebe Gottes an sich, welche die Allerheiligste Dreifaltigkeit ist. Diese Liebe erscheint gleichsam in einer ‚besitzergreifenden' Form, wie es der Liebe eben eigen ist. Gott ist derjenige, der von Neuem erschafft und der beständig nach der ‚Neuerfindung' der trinitarischen Vertrautheit und Nähe strebt" (Seite 105).

„Der Sinn unseres priesterlichen Lebens ist in diesem hohen Geheimnis enthalten. Denn zuallererst für uns Priester bedeutet unsere fortschreitende christliche Umkehr *(metanoia)*, dass wir lernen müssen, im Geiste Christi Personen zu werden, die fähig sind, sich hinzugeben (kenosis) und den anderen zu dienen *(diakonia)* für die Fülle des Lebens in der trinitarischen Gemeinschaft *(koinonia)*. Zur Verwirklichung dieses Sinnes müssen wir immer jenes höchste und transzendente Vorbild, das die Allerheiligste Dreifaltigkeit ist, vor Augen und vor allem im Herzen haben" (Seite 105).

„(...) Das Volk Gottes erscheint in der Tat zur trinitarischen Gemeinschaft zusammengerufen durch ein ursprüngliches Ferment, das eben die priesterliche Gemeinschaft ist, die Gemeinschaft der Jünger Christi. Es ist leicht zu erkennen, dass im Geiste unseres Herrn, in der sichtbaren Gemeinschaft der ‚Seinen', die isolierten und vereinzelten Menschen mächtig und wirksam angezogen und vereint werden zu jenem ‚Leib', der sich Kirche nennt. (...) Das Gebot der Liebe als die Hinterlassenschaft Christi ist das definitive Zeichen seiner Jünger für die neuen Zeiten. Es ist ein unmissverständliches Zeichen der Treue zu ihm und ein Zeichen für die Art, wie er liebt (...). Doch der tiefere

Grund für das Gebot der Liebe, nämlich die gegenseitige Liebe zwischen Vater und Sohn, die der Heilige Geist ist, und der Auftrag, an dieser Liebe teilzunehmen und ihre Innigkeit zu vergegenwärtigen, ist noch wichtiger als das Gebot selbst."

„(...) Alle an Christus Glaubenden sind berufen, seine treuen Gläubigen zu sein. Doch sicher gilt dieses Gebot in erster Linie für jene, die berufen sind, die ‚Seinen' zu sein, Jünger ‚mit ihm' zu sein, seine ‚Vertrauten', der erste ‚Sauerteig' der Menge (vgl. Mt 13,33; Lk 13,20–21). Die Konsequenz daraus ist dann die Einladung an alle Christen (...). Wenn die Jünger in der Liebe Christi bleiben, indem sie lieben, wie er liebt – nur wenn man liebt, vollbringt man ja, was dem Geliebten gefällt –, wird der Vater im Sohn verherrlicht. So werden die unmittelbaren Früchte für die Gemeinschaft nicht fehlen" (vgl. Joh 15,8-9).

„Wenn der Vater sein vollkommenes Abbild in seinem Sohn, Jesus Christus, gewählt hat (...), wird der christlichen Gemeinschaft angeboten, die ‚Ehre' Gottes zu erfahren, nämlich im vollkommenen und verwandelnden Abbild Jesu Christi. Sie wird gleichsam zu einer lebendigen Ikone Christi.

Diese lebendige Ikone der brüderlichen und apostolischen Liebe ist das Mittel, durch welches Gott die christliche Gemeinschaft bildet und sie auf den Glauben, auf die Hoffnung und auf die Tat hin orientiert. (...) Darin besteht das erhabene, riskante und besondere Leben, für das die Priester – ‚die zerbrechlichen Säulen des Himmels' – bestimmt sind: die ‚herrliche' und durchscheinende Transparenz des Wesens Gottes, seiner Natur und seiner Seinsweise, sogar seiner Lebensaussichten zu sein. Die Priester sind gleichsam bestimmt, ‚Spiegel' des einen und dreifaltigen Gottes zu sein. Sie sind bestimmt, das Licht zu sein, in welchem man das Antlitz des Herrn erkennen kann: *sacerdos enim alter Christus*" (Seite 107).

So erinnert uns auch „der Theologe", „der Spirituelle" und „der Freund" Johannes mit jenen außerordentlichen Worten, die für jeden Christen wahr sind, aber für die Jünger in besonderer Weise: „Ich bin der

Weinstock, ihr seid die Rebzweige (...). Wer in mir bleibt und in dem ich bleibe, der bringt reiche Frucht" (Joh 15). Für ein Gesamtbild der priesterlichen Gemeinschaft und der Erfahrung des priesterlichen Zölibats empfiehlt sich auch die Lektüre von C. COCHINI: *Les Origines Apostoliques du célibat sacerdotal*, Paris, 1981. Vielleicht sollte zumindest auf Folgendes aufmerksam gemacht werden: Cochini weist in seiner breit angelegten und gewichtigen historischen Analyse darauf hin, dass die Kirchenväter einmütig erklären, dass jene der Apostel, die vielleicht verheiratet waren, nach ihrer Berufung das Eheleben aufgegeben und den Zölibat gelebt hätten. Und er weist weiterhin darauf hin, dass die gemeinsame Überzeugung der Väter in diesem Punkt einen gewichtigen hermeneutischen Schlüssel für die biblischen Texte darstellt, in denen auf den Verzicht der Jünger Christi angespielt wird. Da sie sich unter die radikale Vollmacht begaben, die in den Worten des hl. Johannes zum Ausdruck kommt, konnten die Jünger nicht mehr anders leben, als dieser radikalen apostolischen Liebe geweiht.

Eine Zusammenfassung

Papst Johannes Paul II. hat am 14. Mai 1995 insgesamt 41 Neupriester für die Diözese Rom geweiht. In der Homilie zitierte er den hl. Johannes: „Ich gebe euch ein neues Gebot (Joh 13,34-35). (...) Der Priester ist ja eben ein Mensch, der das tiefe Wissen in sich trägt, dass er von Gott geliebt wird. Es ist dies eine Liebe, die er selbst in erster Person erfährt (...). Wenn die Aufgabe des Priesters das *opus gloriae* (Werk der Verherrlichung) ist, so kann dieses nur durch das *opus caritatis* (Werk der Liebe) zustande kommen (...). Im Bewusstsein darüber, wie sehr er selbst von Gott geliebt worden ist, muss der Priester seinerseits Diener der göttlichen Liebe unter den Menschen werden (...). Wir müssen also immer mehr Diener dieser Liebe werden! Diener vor allem der gegenseitigen

Liebe zwischen uns Priestern, in einer einzigartigen und eigentümlichen Brüderlichkeit der priesterlichen Berufung und des priesterlichen Dienstes (...)" (*L'Osservatore Romano,* 15.–16. Mai 1995, S. 5). Der Heilige Vater, Papst Johannes Paul II., ist im Laufe seines Pontifikates wiederholt auf das Thema des Zölibats und der priesterlichen Brüderlichkeit gekommen. Als Beispiel könnte man hier an zwei seiner Ansprachen erinnern: a) Ansprache an die Alumnen des Päpstlichen Lombardischen Seminars in Rom, vgl. *L'Osservatore Romano* vom 16. September 1990, und b) Ansprache an die Seminaristen und Novizen von Budapest am 19. August 1991, vgl. *L'Osservatore Romano* vom 20. August 1991.

Erster Anhang

Wenden wir uns nun kurz dem Problem der Existenz von verheirateten Priestern in gewissen Ostkirchen sowie der Aufnahme in die römisch-katholische Kirche und anschließenden Priesterweihe von verheirateten, ehemals anglikanischen Pastoren (oder auch anderer protestantischer Denominationen) zu. Man könnte dieses Problem in zwei verschiedenen Weisen angehen: in einer pragmatischen Weise, im Hinblick auf Vorteile oder Nachteile, und in einer theoretischen Weise, die aber konkret vom Evangelium ausgeht.

a) Da ich selbst schon 19 Jahre in einem „maronitischen" Haus lebe – die Maroniten kennen verheiratete Priester –, würde ich sagen, dass der praktische Gesichtspunkt nirgendwohin führt. Oft genug führt er nur zu den bekannten Sticheleien über die verheirateten oder die zölibatär lebenden Priester. Aber dennoch kann man ganz praktisch beobachten, dass die Priesterweihe von verheirateten Männern keineswegs ein Mittel zur Abhilfe gegen Priestermangel wäre. Denn sowohl bei den Protestanten oder Anglikanern als auch bei den Orthodoxen und Orientalen scheint das Bild des verheirateten Pastors oder des verheirateten Priesters Berufungen eher zu hemmen und zu mindern als zu fördern. Und auch deren praktische Brauchbarkeit leidet in gewisser Hinsicht, wie man aus den Erfahrungen vieler Jahrhunderte weiß. Vielmehr ist auch bei den Orientalen das Bild des zölibatären Priesters oft leichter attraktiver und auch „brauchbarer".

b) Der Weihbischof von Lyon, Alfred Ancel, Gründer und Oberer des *Prado*, wurde am 30. September 1965 von den brasilianischen Bischöfen in das Haus „Domus Mariae" eingeladen, um für sie und für andere Bischöfe im Rahmen der Arbeiten des II. Vatikanischen Konzils einen Vortrag zum Thema „Der priesterliche Zölibat" zu halten (er wurde dann publiziert in *La Documentation catholique*, April 1967, S. 727–750). Weihbischof Ancel berichtet: „Im Libanon und in Syrien habe ich verheiratete Priester angetroffen." Und er fragte sich: „Wäre es auch im Abendland angebracht, einen doppelten Klerus zu haben, wie er im Orient besteht: einen zölibatären und einen verheirateten Klerus?" Und er fügte bei: „Hier nun also einige Tatsachen, die unseren Überlegungen helfen können: Erstens: Bischofsamt und Zölibat. Alle Bischöfe im Orient sind an das Gesetz des Zölibats gebunden: Ist nicht vielleicht auch das ein Zeichen, dass ein Band zwischen Zölibat und Priestertum besteht …? Zweitens: Andererseits kann man auch gar nicht von Priesterheirat im Orient sprechen. Wenn man von Priesterheirat im Orient spricht, dann nicht im Sinne von Priestern, die heiraten, sondern von verheirateten Männern, die zum Priester geweiht wurden. Es ist also weder im Orient noch im Okzident jemals erlaubt gewesen, dass ein Priester heiratet. Ihr wisst auch, dass ein verheirateter Priester, wenn er Witwer wird, nicht nochmals heiraten kann. Diese Gesetzgebung selbst scheint gut zu beweisen, dass ein gewisses Band zwischen Priestertum und Zölibat besteht. Ich kenne zwei Seminarien im Orient: jenes von der hl. Anna in Jerusalem und jenes der Jesuiten in Beirut. Die Seminaristen können sich, dem orientalischen Recht entsprechend, vor der Diakonatsweihe verheiraten und dann auch die Priesterweihe empfangen. Aber tatsächlich haben die orientalischen Seminaristen seit vielen Jahren und ohne jede gesetzliche Verpflichtung die Diakonats- und die

Priesterweihe empfangen, ohne verheiratet zu sein. Sie verpflichten sich von selbst zum lebenslangen Zölibat. (…) Das sind also die Argumente, die ich für oder gegen den verheirateten Klerus im Orient gefunden habe. (…) Sollte man also jene Situation, die im Orient herrscht, auch ins Abendland übertragen? (…) Ich persönlich bin nicht dafür, die Lage im Orient auf den Klerus des lateinischen Ritus auszuweiten. Diese Präferenz (…) hat ihre Grundlage im Evangelium und sie drängt sich meinem Urteil in gewisser Weise auf, weil mir scheint, dass sie mit dem Sinn des geschichtlichen Verlaufs übereinstimmt." In diesem Licht scheint die Präsenz von verheirateten Priestern bei den Orientalen eine analoge Bedeutung zu haben zu jener begrenzten Bedeutung von verheirateten Priestern aus dem anglikanischen Bereich oder aus anderen protestantischen Konfessionen.

Zweiter Anhang

Nun etwas zur notwendigen Klarheit über die Absicht der Kirche hinsichtlich des priesterlichen Zölibats für die vielen Seminaristen und Novizen in der ganzen Welt. – Im Jahr 1993 gab es in der Welt 120.050 Angehörige von kleinen Seminarien, 102.000 Priesterseminaristen, 9.602 Novizen. Im Jahr 1992 gab es insgesamt 6.401 Weihen von neuen Diözesanpriestern und von 2.568 Ordenspriestern. Wenn man dann noch die Periode von 1978 bis 1993 heranzieht, kann man ein Wachstum in der Gesamtzahl der Priesterseminaristen (wobei alle Studenten der Philosophie und der Theologie sowohl der diözesanen Seminarien als auch der Ordensseminarien einbezogen sind) um 62,8 % sehen. Die Höchstzahlen sind in Afrika und Asien zu finden, wo sie sich mehr als verdoppelt haben. Die Zunahme der Priesterweihen, wenn die Zahl des Diözesanklerus und des Ordensklerus zusammengezogen werden, betrug sodann 33,8 % (auch wenn aufgrund der geringen Weihezahlen vor 1978 die jährliche Sterblichkeit im Klerus die Gesamtzahl der Priester in einigen

Jahren sinken ließ, trotz der ab 1978 von Jahr zu Jahr wachsenden Anzahl an Priesterweihen).

Angesichts einer so hohen Zahl an jungen Männern, die ihr ganzes Leben dem Priestertum weihen wollen, ist leicht einzusehen, dass die Kirche den Auftrag spürt, ganz klar zu sein im Hinblick auf ihre dauerhafte Absicht der Verbindung zwischen Zölibat und Priestertum für die Priester im lateinischen Ritus. Man darf und man kann ja nicht mit dem Leben der Menschen spielen. Ein Jugendlicher, der Priester wird, hat das Recht, das mit absoluter Genauigkeit zu kennen, wozu er sich für immer verpflichtet.

Eine gewisse politisch gefärbte Richtung weltlicher Massenmedien würde diesbezüglich aber gerne einen Zustand dauernder Unsicherheit und ständiger Diskussion in der Frage des priesterlichen Zölibats beibehalten. Dies geschieht vor allem dort, wo die Medien von gewissen antikirchlichen Spitzen angeführt und manipuliert werden, aber auch dort, wo bestimmte kirchliche Gruppen radikaler Einstellung das Sagen haben, die wenig das Ganze sehen und auch die Entscheidungen der Autorität in der Kirche wenig achten. So bringen sie immer wieder die gleichen und schon längst bekannten und widerlegten Einwendungen vor. Das einzige Ziel eines solchen Vorgehens kann darin bestehen, damit eine Bresche zu schlagen, um so schließlich die Lage gänzlich auf den Kopf zu stellen.

Es ist aber wohl klar, dass die Kirche, gerade wegen der vielen Priesterberufungen, diese andauernde Dialektik der Unsicherheit und des Zweifels nicht akzeptieren kann und darf. Die Kirche muss vielmehr – aus moralischer Verpflichtung gegenüber all jenen, die zu Priestern geweiht werden – das Wort der Klarheit sprechen, deutlich und endgültig. Deshalb lehrte die Bischofssynode von 1990 und die darauf beruhende Apostolische Exhortation *Pastores dabo vobis* von Papst Johannes Paul II.: „Die Synode will bei niemandem den geringsten Zweifel an der festen Entschlossenheit der Kirche aufkommen lassen, an dem Gesetz festzuhalten, das den zur Priesterweihe nach dem lateinischen Ritus ausersehenen Kandidaten den frei gewählten, ständigen Zölibat auferlegt“ (Nr. 29).

2. Teil

Der kirchliche Zölibat und die Brüderlichkeit unter den Priestern

(„Apostolica vivendi forma“)

Das Lehramt der Kirche in der jüngsten Zeit

Was unsere Überlegungen zum Thema *Zölibat* mit Hilfe der Lektüre von Dokumenten des Lehramts betrifft, so beschränken wir uns auf das „jüngste Lehramt“. Wir beginnen mit dem Zweiten Vatikanischen Konzil (1962–1965), um so eine Neuheit zu unterstreichen, die dieses Konzil in seiner Darstellung des Zölibats eingeführt hat. Mit diesen Darlegungen hat das Lehramt, um auf eine gewisse verweltlichte und einseitige Kultur von heute zu antworten, eine direkte Brücke zu den Quellen der Evangelien gebaut. Dabei wird das suggestive Bild in Erinnerung gerufen, nach dem der Verzicht auf die Ehe ins Spiel kommt, um dem Herrn Jesus in einer apostolischen Gemeinschaft nachzufolgen. Diese Gemeinschaft bildet für die ganze Kirche den sichtbaren und fruchtbaren Spiegel der unsichtbaren dreifaltigen Liebe. Eine solche Vision könnte zusammengefasst werden mit dem berühmten und sehr alten Ausdruck: *apostolica vivendi forma* (apostolische Form des Lebens).

Der Heilige Vater, Papst Johannes Paul II., drückte sich in seiner Ansprache an die Priester der Insel Cebu, Philippinen, am 19. Februar 1981 so aus: „Der Zölibat ist keineswegs nebensächlich im Leben des Priesters: Er gibt Zeugnis von einer Liebe, die ihr Modell in der Liebe Christi gefunden hat." Die Priester ihrerseits stehen im Herzen der christlichen Gemeinden, denn von der Leuchtkraft ihres Lebens und ihres Dienstes hängt in weitem Maß die Lebendigkeit der Kirche ab. Es ist deswegen auch kein Problem zweiten Ranges, wie sie die Nachfolge Christi auf sich genommen haben und sie leben, wie also der Funke Christi aus ihren Herzen brennt und leuchtet.

Was den priesterlichen Zölibat betrifft, so kann man von den genauen und zugleich zusammenfassenden Lehraussagen des Zweiten Vatikanischen Konzils ausgehen (*Optatam totius* Nr. 10; *Presbyterorum ordinis* Nr. 16; vgl. auch *Lumen gentium* Nr. 42 und 44; *Perfectae caritatis* Nr. 12), um dann bis zur Weltbischofssynode von 1971 zu kommen. Mit dieser Synode wurde vonseiten der kirchlichen Autorität endgültig die Frage über die gegebene Opportunität des Zölibats (ob er für den lateinischen Klerus beizubehalten sei oder nicht) positiv beantwortet. Als Zwischenetappe muss allerdings auch noch die Enzyklika *Sacerdotalis caelibatus* vom 24. Juni 1967 aus der Hand Papst Pauls VI. genannt werden.

Gerade die letztgenannte Enzyklika präsentiert uns ganz passend in zusammenfassender Weise die wichtigsten Einwände gegen den priesterlichen Zölibat, wobei sieben aufgezählt werden:

- Jesus hätte den Zölibat nicht auferlegt, sondern bloß vorgeschlagen (Nr. 5),
- die Begründungen der Väter seien von einem exzessiven Pessimismus gegen das „Fleischliche" inspiriert gewesen (Nr. 6),
- nicht alle Aspiranten für das Priestertum hätten das Charisma des Zölibates (Nr. 7),

- sein Verpflichtungscharakter wäre Ursache für den Mangel an Berufungen (Nr. 8),
- er wäre Ursache für Unordnung und Untreue (Nr. 9),
- er würde eine unnatürliche Lebensweise festschreiben, welche die menschliche Person schädige, indem sie Verachtung für das Schöpfungswerk fördere (Nr. 10),
- die gegenwärtige Ausbildung sei unangemessen (Nr. 11).

Das II. Vatikanische Konzil

Am 12. November 1964 präsentierte der zuständige Relator Mons. Marty dem Konzil den überarbeiteten Text *(Textus emendatus)* über die Priester und das Priestertum – nachdem das Konzil in den Generalversammlungen vom 13. bis zum 15. Oktober darüber beraten hatte – mit den Worten: *Legem itaque caelibatus, prout in usu est, sacrosancta haec Synodus iterum comprobat* (Daher bestätigt diese heilige Versammlung erneut das Gesetz des Zölibats, wie es im Gebrauch ist).

Papst Paul VI. ließ am 10. Oktober 1965 den Konzilsvätern einen Brief zukommen, der ihnen am 11. Oktober vom Generalsekretär vorgelesen wurde und mit welchem sich der Heilige Vater die Behandlung der Angelegenheit vorbehielt: „(...) so ist es unser Anliegen, soweit es an uns liegt, nicht nur dieses altehrwürdige, heilige und providentielle Gesetz zu erhalten, sondern auch dessen Einhaltung zu fördern, indem wir die Priester der lateinischen Kirche zur Kenntnis der Gründe und Ursachen dieses Gesetzes ermahnen." Die Verlesung des Papstbriefes wurde, wie die offiziellen Chroniken des Konzils bestätigen, mit großem Applaus in der Aula quittiert. Und in der Generalversammlung vom 12. Oktober wurde dann der Antwortbrief aus der Hand von Kardinal Tisserant im Namen des Konzils vorgelesen. Der Kardinal schrieb, dass der Brief des Papstes von den Konzilsvätern mit wiederholtem Beifall *(repetito plausu)* aufgenommen worden sei.

Am 11. Oktober 1965 wurde in der Konzilsaula die letzte Textfassung des zukünftigen Dekrets (Schema des *Dekrets über den Dienst und das Leben der Priester*) ausgeteilt, und die Diskussion in der Aula fand am 14., 15., 16., 25. und 26. Oktober statt. Der Generalsekretär des Konzils, Kardinal Pericle Felici, präzisiert zu diesem Punkt in einer Schrift aus dem Jahre 1969 *(Il Vaticano II ed il Celibato sacerdotale,* Poliglotta Vaticana) auf Seite 18: „Kein Verbesserungsvorschlag des Textes wollte das Gesetz des priesterlichen Zölibats infrage stellen. Ja, die letzte vom Konzil abgestimmte und angenommene Textfassung fügte dem Wort *comprobat* (billigt) noch das Wort *confirmat* (bekräftigt) bei." Somit lautet der vom Konzil angenommene Lehrsatz folgendermaßen: „Diese heilige Synode billigt und bekräftigt von Neuem das Gesetz für jene, die zum Priestertum ausersehen sind" (*Presbyterorum ordinis,* Nr. 16).

In den schon genannten Dokumenten des Zweiten Vatikanischen Konzils gibt es aber auch darüber hinaus Hinweise auf die Beweggründe, sich für den Zölibat auszusprechen, wenngleich diese Beweggründe dort nicht ausführlich behandelt werden. Solche Hinweise zu den Beweggründen, die zwar schon irgendwie in den Konzilstexten vorhanden sind, werden dann erst in der schon genannten Enzyklika Pauls VI. *Sacerdotalis caelibatus* aufgenommen und weiterentwickelt.

Die Enzyklika *Sacerdotalis caelibatus*

Die Enzyklika durchschreitet gleichsam einen Weg, indem sie immer mehr das im Ausgangspunkt Gegebene, nämlich die Erfahrung aus den Evangelien, vertieft. Die ständig neue Betrachtung der ursprünglichen Erfahrung des Herrn Jesus – worauf sich im Übrigen die authentische Basis für jede Überlegung über den Zölibat gründen muss – hat nach und nach zu einer noch vollständigeren Sichtweise geführt, die auch der geschichtlichen Dimension des Menschen Rechung trägt. Diese Sichtweise trägt somit auch dem *genauen Plan Christi* für seine Jünger und dessen historischer Bedeutung Rechnung.

Auch die Problematik der menschlichen Werte erlaubte es, eine noch vollständigere Sicht des Zölibats zu gewinnen. Sie stellt ihn gemäß der Lebenssituation des Herrn Jesus selbst in den Kontext einer Gemeinschaft von Brüdern und Freunden. Diese Gemeinschaft ist um ihn versammelt als sichtbares und transparentes Bindeglied und Ferment einer viel tieferen Wirklichkeit (jener der göttlichen Dreifaltigkeit).

Die Betrachtung der praktischen Schwierigkeiten führte die Enzyklika dann zu weiteren Klärungen: Der Priester, der eine Treue zum Herrn Jesus in der zölibatären Lebensweise leben will, müsste sich in eine priesterliche Gemeinschaft einfügen, wo er eine enge sakramentale Brüderlichkeit leben könnte. (Vgl. *Presbyterorum ordinis,* Nr. 8: *Die Priester (...) sind in inniger sakramentaler Bruderschaft miteinander verbunden.)*Die Meinung der Konzilskommission über diesen Punkt ist die Folgende: *Die Einheit der Priester mit den Bischöfen und untereinander ist, da sie im kirchlichen Bereich im Weihesakrament gründet, göttlichen Rechtes. Aber die Zufügung zu einer besonderen Diözese und damit dem jeweiligen diözesanen Presbyterium ist kirchlichen Rechtes* (vgl. Schema des Dekrets *De Presbyterorum ministerio et vita. Textus recognitus et relationes*; in diesem Licht stimmten die Väter über die Nr. 8 von *Presbyterorum ordinis* ab und stimmten ihr zu).

P. Giuseppe Rambaldi SJ, ein Experte des Zweiten Vatikanischen Konzils und Professor für Fragen des Priestertums an der Päpstlichen Universität Gregoriana, kommentiert diesen Punkt und bemerkt dazu: „Solcher Art ist jene Bruderschaft, die aus den Sakramenten der christlichen Eingliederung entsteht und, weil sie im Weihesakrament gründet, auch nicht auf eine Notwendigkeit reduziert werden kann, so groß sie auch sein mag. Und in welchem Maß der Weihecharakter und die Weihegnade, durch welche jemand als Diener Christi eingesetzt wird, das schon durch die Taufe empfangene christliche Leben berührt und es zum Ziel des ministeriellen Priestertums hinordnet und geeignet macht, in demselben Maß bindet die priesterliche Brüderlichkeit die Priester auch im ganzen Grund ihres Lebens und erhält sie darin und erfüllt sie mit gegenseitiger Sorge (...) Diese Sorge, mit welcher die Priester sich gegenseitig helfen, fließt nicht nur aus dem Auftrag der Liebe wie bei der Taufe hervor, sondern die Priester sind gehalten, die Last des Amtes miteinander treu auszuüben“ (G. RAMBALDI: *Fraternitas sacramentalis et Presbyterium,* in: *Periodica de re morali canonica,* Liturgica 57 [1968], 355).

Diese sakramentale Bruderschaft der Priester müsste konkreter dargestellt werden durch eine Form des gemeinsamen Lebens, in aufrichtiger Freundschaft, auch gegenüber dem Bischof.

Der Text der Bischofssynode von 1971: Das amtliche Priestertum

Es soll gleich eingangs an die breit angelegten Konsultationen auf allen Ebenen des kirchlichen Lebens erinnert werden, mit Zusammenkünften und Diskussionen in fast jeder Diözese, die dieser Synode vorausgingen. Diese weit gestreuten Diskussionen im Volk Gottes wurden von einer intensiven Diskussion in den Massenmedien und unter Experten begleitet, wobei die „verweltlichte Kultur“ auch Druck und Einfluss auszuüben suchte. Es besteht kein Zweifel, dass der am meisten diskutierte und erörterte Punkt jener des priesterlichen Zölibats war. Ja, die Beratungen der Synode begannen sogar in einem Klima tiefen kirchlichen Bewusstseins und großer Erwartung.

Die Synode legte dann tatsächlich den Wert des priesterlichen Zölibats im Blick auf das historisch-missionarische Selbstverständnis der Kirche dar. Gerade deshalb nahm sie auch Maß an der apostolischen Nachfolge. Es tritt hier nun ein historisch-gemeinschaftlicher Akzent zutage, der in der Enzyklika *Sacerdotalis caelibatus* von Papst Paul VI. noch nicht so sehr vorhanden war. Das Priestertum Christi wird als aktive Wiedervereinigung und Sammlung der Menschheit in Gott beschrieben. Auf

dieser Linie befindet sich dann auch die Aufgabe der Priester, die das Wirken der Apostel fortsetzen und so Christus gegenwärtig setzen.
Noch genauer betrachtet gilt für den Priester:

- Er ist Vermittler der Erstevangelisierung zur Auferbauung der Kirche sowie der unermüdlichen Erneuerung der schon auferbauten Kirche (Nr. 4).
- Er ist zum Dienst an der *Communio* bestellt (Nr. 6).
- Der priesterliche Dienst ist wesentlich gemeinschaftlich im Presbyterium und mit dem Bischof zu verstehen (Nr. 6).
- „Indem sie dem Beispiel Christi folgen, mögen die Priester die Brüderlichkeit mit dem Bischof und untereinander pflegen. Es handelt sich um eine auf der Weihe und der gemeinsamen Sendung gegründete Brüderlichkeit, damit so das priesterliche Zeugnis noch glaubwürdiger werde" (Nr. 6).

Im zweiten Teil des Dokuments findet man die Darlegungen zum Zölibat, an welche die Überlegungen im vorangegangenen Abschnitt A des 1. Teils anknüpfen: „Der Priester, der ebenso wie die anderen Getauften berufen ist, Christus gleichförmig zu werden (vgl. Röm 8,29), erhält zudem wie die Zwölf besonders innigen Anteil an Christus und an dessen Sendung als oberster Hirte: *Und er setzte zwölf ein, die er bei sich haben und die er dann aussenden wollte, damit sie predigten* (Mk 3,14)".

Die gewählte Darstellungsweise ist also eine biblische. Die Prototypen der Priester werden in den zwölf Aposteln gesehen. Diese besitzen eine besondere Berufung, an der auch die Priester analog Anteil erhalten. Die Berufung zur apostolischen Nachfolge wird so der fundamentale Bezugspunkt, um die Probleme des Priesters zu lösen. Von daher wird auch die Behandlung des Zölibats ausdrücklich an der Berufung zur apostolischen Nachfolge Christi festgemacht. (Während in der Enzyklika von Paul VI. [vgl. Nr. 21] der erste Bezugspunkt Christus als Mittler und ewiger Hoherpriester war, sind die Überlegungen hier weniger vom Gesamtvorgang des historischen Werdens abgetrennt. Gerade so, wie das Evangelium selbst sich durch die Vermittlung der Apostel verbreitet hat.)

Die eigentliche Reflexion über den Zölibat gliedert sich dann in vier Momente: a) theologisches Fundament, b) begleitende Motive, c) Berechtigung des Gesetzes, d) förderungswürdige Voraussetzungen, worauf zwei legislative Bestimmungen folgen.

Das Fundament des Zölibats (vgl. Paragraf a) muss zweifach gesehen werden: Denn einerseits muss der Zölibat der Priester in Harmonie mit der Berufung in die apostolische Nachfolge Christi gesehen werden. Andererseits aber auch im Hinblick auf die Verfügbarkeit, um einen pastoralen Dienst übernehmen zu können. So sind also beide Aspekte verbunden: die Berufung der Zwölf („mit Christus sein") und die Teilhabe an seiner Sendung als oberster Hirte. Die Nachfolge der Zwölf bleibt also der allgemeine Hintergrund, auf den man sich rückbeziehen muss, um das Profil des Zölibats genau herauszuarbeiten: „Wenn aber der Zölibat in evangelischem Geist, in Gebet und Wachsamkeit, in Armut, Freude, Ehrsamkeit und brüderlicher Liebe gelebt wird, ist er ein Zeichen, das zwar nicht weit verbreitet sein kann, das aber Christus wirksam den Menschen unserer Zeit verkündet. Denn heute werden nicht so sehr Worte geschätzt, sondern das Lebenszeugnis, das den evangelischen Radikalismus unter Beweis stellt und die Kraft hat, anziehend zu wirken." Der priesterliche Zölibat wird also in einer historisch-missionarischen Sichtweise vorgestellt, in der das Heil eine geschichtliche Wirklichkeit ist, die im priesterlichen Zölibat ein signum (Zeichen) findet, welches das Heil den Menschen als bevorstehend offenbart.

In Paragraf b) werden verschiedene, an sich meist schon bekannte Motivationen erläutert, die zusammengenommen die Opportunität des priesterlichen Zölibats bestätigen:

- der zölibatär lebende Priester macht die Gegenwart des absoluten Gottes verständlich,
- er erinnert die Menschen an die Tiefe der treuen Liebe und stellt den höchsten Sinn des Lebens dar,

- er vereinigt sich in besonderer Weise mit Christus,
- er stellt schon im Voraus die Freiheit der Kinder Gottes dar,
- er stellt klarer die Fruchtbarkeit des neuen Gesetzes unter Beweis,
- er erhält eine größere Kraft, um die Kirche aufzubauen,
- er kann leichter Gott mit ungeteiltem Herzen dienen und sich für die Schafe aufopfern.

Der Paragraf d) handelt von Bedingungen und Voraussetzungen, die den priesterlichen Zölibat fördern, vor allem vom innerlichen Leben. Er stellt dazu fest: „Menschlicher Ausgleich durch die geordnete Einfügung in das Miteinander sozialer Beziehungen; brüderlicher Umgang und Gespräch mit anderen Priestern und mit dem Bischof, durch pastorale Strukturen, die dazu besser geeignet sind, und auch durch die Hilfe der Gemeinschaft der Christgläubigen." (Man könnte bemerken, dass diese Darstellung die eschatologische Sichtweise von Paragraf b) ergänzt: „Der zölibatäre Priester, indem er jeden kontingenten menschlichen Wert übersteigt, vereinigt sich mit Christus als dem höchsten und absoluten Wert in besonderer Weise.") In diesem Aufbau sind also, genau besehen, drei Arten von Beziehungen präsent:

- jene der Zwölf mit Christus (modellhafte Erfahrung),
- jene des Priesters mit Christus (priesterliche Berufung),
- jene der Priester mit den anderen Priestern und dem Bischof (konkrete priesterliche Lebensweise).

Die Paragrafen c) und e), vor allem aber der Paragraf e), beleuchten die Notwendigkeit, den Zölibat in der lateinischen Kirche beizubehalten: „Das in der lateinischen Kirche geltende Gesetz des priesterlichen Zölibats muss unverletzt bewahrt bleiben."

Eine besondere und ungewohnte Eigenart dieses päpstlich-synodalen Dokuments besteht darin, dass Papst Paul VI. persönlich zum ewigen Andenken an dieses Ereignis anordnete, dass im veröffentlichen Text ausdrücklich der Ausgang der Abstimmung enthalten sei. Der Ausgang war folgendermaßen: 168 placet (Ja), 10 non placet (Nein), 21 placet iuxta modum (Zustimmung unter Vorbehalt), 3 fehlende Stimmen. Zudem wurden folgende zwei Fassungen zur Abstimmung vorgelegt: „Formel A: Die Priesterweihe verheirateter Männer wird, außer in besonderen Fällen und unter immerwährender Wahrung des Rechtes des Papstes, nicht zugelassen.“ „Formel B: Es ist ausschließlich das Recht des Papstes, in besonderen Fällen und wegen besonderer pastoraler Notwendigkeiten, immer im Blick auf das Wohl der Gesamtkirche, die Priesterweihe verheirateter Männer zuzugestehen, aber nur von Männern vorgerückten Alters und erprobter Lebensweise.“ Der Ausgang der synodalen Abstimmung über diese beiden Formeln war folgender: Die erste Formel A erhielt 107 Stimmen, die Formel B erhielt 87 Stimmen. Zwei Stimmen fehlten und zwei waren ungültig.

Abschließend kann über das Dokument der Synode von 1971 Folgendes gesagt werden: Die allgemein für die geschichtliche Dimension des Menschen offenere kulturelle Einstellung der Synode hat zu einer Vertiefung der traditionellen Lehre geführt, wobei wichtige Aspekte aus der Erfahrung des gelebten Evangeliums wieder gewonnen werden konnten. Der priesterliche Zölibat erscheint somit als eine besondere Beziehung zum Herrn, charakterisiert vom Verzicht auf die Heirat und von unbegrenztem Eifer für die Seelen (das „nicht anders sein können“). Doch mit nicht weniger Nachdruck ist der Zölibat charakterisiert von der Aufnahme intensiver brüderlicher Beziehungen zu den anderen Priestern und zum Bischof, da ja dies wesentliche Bedingung dafür ist, dass der priesterliche Zölibat *Zeichen* sein kann.

Ausbildungshinweise für die Ausbildung zum priesterlichen Zölibat nennt sich ein Dokument, das die Kongregation für das katholische Bildungswesen auf Wunsch von Papst Paul VI. am 11. April 1974 veröffentlichte. Um hier abzukürzen, verweisen wir nur auf die direkte Lektüre des Textes.

Die Bischofssynode von 1990

Kommen wir nun zur Synode über die Priesterausbildung *(De sacerdotibus formandis in hodiernis adiunctis)* im Jahr 1990 und zur Apostolischen Exhortation *Pastores dabo vobis* von Papst Johannes Paul II. aus dem Jahr 1992.

Das Thema des priesterlichen Zölibats konnte mit der Synode von 1971 (eingedenk ihrer weit reichenden Beratungen im Vorfeld, der Debatte, der Abstimmungen und der endgültigen Entscheidung Papst Pauls VI.), mit der die Weisungen des Konzils und der nachfolgenden Enzyklika *Sacerdotalis caelibatus* in eine definitive Form gebracht wurden, als endgültig entschieden gelten. Tatsächlich hätte die Synode von 1990 ja auch nur die Ausbildung der künftigen Priester behandeln sollen. Während der vorausgehenden Befragung für diese Synode wollten jedoch gewisse kirchliche Gruppierungen die Frage des Zölibats erneut aufwerfen (obwohl man dazu sagen muss, dass diese Vorgehensweise, die zu keiner Zeit die geringste Bereitschaft zeigt, das anzunehmen, was die Mehrheit entscheidet und vom Papst Gesetzeskraft verliehen bekommt, und die in obstinater Weise immer wieder von vorne beginnen will, dass eine solche Vorgehensweise keinerlei Anspruch auf eine Berücksichtigung in einer gesunden inneren Praxis der Kirche haben kann). Und auch jene Medien, die von Leuten oder Gruppen kontrolliert werden, die eine Schwächung und eine Verweltlichung der Kirche im Sinn haben, haben ja schon seit langer Zeit Kampagnen für die Abschaffung des Priesterzölibats orchestriert. Sie sparten dabei zum Schaden von so vielen demütigen und hervorragenden Priesterpersönlichkeiten nicht einmal künstlich aufgeblasene Skandale aus.

Die Synode ergriff deshalb in angemessener Weise die Gelegenheit, noch einmal die Lehre über den Zölibat zu behandeln und neu zu bestätigen. Nur ein einziger brasilianischer Bischof hatte sich auf der Synode für die Weihe von verheirateten Männern ausgesprochen, während ein brasilianischer Kardinal, dem ein Monatsjournal eine zugestehende Aussage in den Mund legte, dies vor der ganzen Synode richtigstellen wollte. Das Dokument *Pastores dabo vobis* sagt dazu in Nr. 29 wörtlich:

„In diesem Licht lassen sich die Beweggründe für die Entscheidung leichter verstehen und beurteilen, die die Kirche des Abendlandes vor Jahrhunderten getroffen und an der sie festgehalten hat trotz aller Schwierigkeiten und Einsprüche, die im Laufe der Zeit dagegen erhoben wurden, nämlich die Priesterweihe nur Männern zu erteilen, die den Beweis erbringen, dass sie von Gott zur Gabe der Keuschheit in der Lebensform der bedingungslosen und dauerhaften Ehelosigkeit berufen sind. – Die Synodenväter haben ihre Gedanken dazu klar und nachdrücklich in einer wichtigen Vorlage zum Ausdruck gebracht, die es verdient, vollständig und wörtlich wiedergegeben zu werden: ‚Während die in den Ostkirchen geltende Disziplin beibehalten wird, erinnert die Synode in der festen Überzeugung, dass die vollkommene Keuschheit im priesterlichen Zölibat ein Charisma ist, die Priester daran, dass die Keuschheit ein unschätzbares Geschenk Gottes für die Kirche und einen prophetischen Wert für die heutige Welt darstellt. Diese Synode billigt und bekräftigt von Neuem und mit Nachdruck alles, was die lateinische Kirche und einige östliche Riten fordern, nämlich dass die priesterliche Würde nur solchen Männern übertragen wird, die von Gott das Geschenk der Berufung zur Keuschheit in der Ehelosigkeit empfangen haben (ohne Vorurteil gegen die Tradition einiger orientalischer Kirchen und gegen die Sonderfälle zum Katholizismus konvertierter verheirateter Geistlicher; für diese Fälle sind in der Enzyklika Pauls VI. über den priesterlichen Zölibat, Nr. 42, Ausnahmen vorgesehen). Die Synode will bei niemandem den geringsten Zweifel an der festen Entschlossenheit der Kirche aufkommen lassen, an dem Gesetz festzuhalten, das den zur Priesterweihe nach dem lateinischen Ritus ausersehenen Kandidaten den frei gewählten, ständigen Zölibat auferlegt. Die Synode drängt darauf, dass der Zölibat in seinem vollen biblischen, theologischen und spirituellen Reichtum dargestellt und erläutert wird (...).‘“

Zu dieser letzten Bestimmung („dargestellt und erläutert werden“)

muss angefügt werden, dass die Exhortation *Pastores dabo vobis* selbst, unter dem allgemeiner klingenden Titel *Wesen und Sendung des Priesteramtes,* in Nr. 14 eine zusammenfassende Darlegung der Nachfolge und der Sendung auf der Grundlage der Evangelien aufbietet. Darin findet sich die folgende Aussage: „Zeichen und Voraussetzung für die Glaubwürdigkeit und Fruchtbarkeit dieser Sendung ist die Einheit der Apostel mit Jesus und in ihm untereinander und mit dem Vater, wie das hohepriesterliche Gebet des Herrn, die Synthese seiner Sendung, bezeugt (vgl. Joh 17,20–23)."

Zuletzt kommen wir noch zum *Direktorium für Dienst und Leben der Priester* der Kleruskongregation, das am Gründonnerstag des Jahres 1994 veröffentlicht wurde. Um an dieser Stelle abzukürzen, soll auch für dieses Dokument auf die unmittelbare Lektüre verwiesen werden. Es soll jedoch der Hinweis darauf nicht fehlen, dass in Nr. 57, unter dem Titel *Der priesterliche Zölibat – Fester Wille der Kirche*, zu lesen ist:

„Überzeugt von tiefen theologischen und pastoralen Gründen, welche die Beziehung zwischen Priestertum und Zölibat unterstützen, und erleuchtet vom Zeugnis, das auch heute trotz schmerzlicher negativer Fälle den spirituellen und evangelischen Wert in so vielen priesterlichen Existenzen bestätigt, hat die Kirche beim II. Vatikanischen Konzil und wiederholt bei späteren päpstlichen Lehraussagen den ‚festen Willen bekräftigt, das Gesetz beizubehalten, das von den Priesterkandidaten im lateinischen Ritus den frei gewählten und dauernden Zölibat verlangt'. Der Zölibat ist nämlich eine Gabe, welche die Kirche erhalten hat und bewahren will, davon überzeugt, dass er für sie selbst und für die Welt ein hohes Gut ist."

In Nr. 59 des *Direktoriums* lesen wir: „Das Vorbild ist der Herr selbst, indem er, entgegen der zu seiner Zeit dominierenden Kultur, sich freiwillig entschieden hat, zölibatär zu leben. In seiner Nachfolge verließen die Jünger ‚alles', um die ihnen anvertraute Mission auszuführen (vgl. Lk 18,28–30). Aus diesem Grund wollte die Kirche die Gabe der dauernden Enthaltsamkeit der Kleriker bewahren, und sie ist dazu übergegangen, die Kandidaten für heilige Weihen unter den Zölibatären auszuwählen (vgl. 1 Thess 2,15; 1 Kor 7,5 u. 9,5; 1 Tim 3,2.12 u. 5,9; Tit 1,7–8)."

In den Paragrafen des Kapitels mit dem Titel *Priesterliche Gemeinschaft* (Nr. 20–33) wird dann in Nr. 25 verdeutlicht: „Aufgrund des Weihesakramentes ‚ist jeder Priester mit den anderen Mitgliedern des Presbyteriums durch besondere Bande der apostolischen Liebe, des Amtes und der Brüderlichkeit vereint' (*Pastores dabo vobis* Nr. 17). Er ist ja eingefügt in den ‚Ordo Presbyterorum', der jene Einheit bildet, die sich als eine wahre Familie verstehen kann, in der die Bande nicht aus Fleisch und Blut, sondern aus der Weihegnade kommen."

Zusammenfassung zum Lehramt

Die Überlegungen des Lehramts zum Zölibat ermöglichten eine historisch genaue Bestandsaufnahme unter Mithilfe der heutigen anthropologischen Wissenschaften und Instanzen sowie eines den christlichen Glauben bewusster reflektierenden Geschichtsverständnisses und schließlich auch unter Berücksichtigung der konkret entstandenen Probleme. Unter *priesterlichem Zölibat* versteht man nunmehr eine komplexe Wirklichkeit, die bestimmt ist von einer tiefen Liebe zum Herrn Jesus, vom Verzicht auf die eheliche Erfahrung sowie von gegenseitigen Banden der Brüderlichkeit und der Freundschaft. Diese Bande müssen ihre Verwirklichung insbesondere in der *vita communis* suchen und schlussendlich im großzügigen Einsatz für die Gemeinschaft der Gläubigen.

Wollte man eine Bilanz ziehen, so könnte man sagen, dass sich die Überlegungen zum priesterlichen Zölibat entkrampft haben durch den Übergang von einer tendenziell eher essentialistischen und reduktiven Sichtweise zu einer geschichtlicheren und stärker evangeliumsgemäßen Sicht.

Die Überlegungen des Lehramtes haben ferner an der Lebensweise des zölibatären Priesters – aus Sicht der Erfahrungen in den Evangelien – das

Thema der menschlichen Beziehung als der Gemeinschaft mit Christus und der trinitarischen Gemeinschaft hervorgehoben. Im Übrigen wird jeder zustimmen, dass jene, die Jesus in seinem irdischen Dienst folgten, auch gewissermaßen ein gemeinsames Leben mit ihm führten. Das Lehramt streicht diesen bestimmten gemeinschaftlichen Kontext als ersten *Sitz im Leben* der zölibatären Erfahrung heraus, den der Herr Jesus den Dienern des Evangeliums zugewiesen hat. Und das Lehramt stellt dem christlichen Denken eine Aufgabe: nämlich den Sinn dieser Verknüpfung besser zu verstehen. Die weiteren neuen Elemente, die das Lehramt ins Bild des priesterlichen Zölibats eingefügt hat, können nachgelesen und vertieft werden bei DAMIANO MARZOTTO: *Celibato Sacerdotale e Celibato di Gesù [Priesterlicher Zölibat und Zölibat Jesu],* Casale Monferrato 1987.

Erster Anhang

Wenden wir uns kurz der Übereinstimmung dieser neuen Perspektiven mit den zeitgenössischen anthropologischen Anliegen zu. – Die moderne Kultur hat den priesterlichen Zölibat in der Wurzel als inhuman angegriffen, da er angeblich eine fundamentale Dimension der Person verneint, nämlich seine Intersubjektivität. Das Lehramt der Kirche wollte stattdessen den priesterlichen Zölibat neu durchdenken, indem es auch die Elemente der Intersubjektivität darin hervorhob: die Gemeinschaft mit dem Bischof, die priesterliche Brüderlichkeit, ja vielleicht auch ein gemeinschaftliches Leben. Das Lehramt hat es aber auch nicht unterlassen, die anderen Dimensionen immer wieder in Erinnerung zu rufen: die gleichsam immer mehr sich weihende Hingabe des Priesters an den Herrn und eine immer freiere Gabe seiner selbst an die Gläubigen.

Kommen wir nun zum Anliegen eines noch umfassenderen Überdenkens des Begriffsrahmens in Bezug auf den priesterlichen Zölibat und im

Besonderen in Bezug auf seine apostolische Bedeutung. Die Hinordnung des Klerus zu einem gemeinschaftlichen Leben wäre in diesem Kontext nicht die fälschliche Aufnahme einer typisch mönchischen Lebensweise, sondern diese Hinordnung wäre ganz einfach die Kehrseite der Wahl des evangeliumsgemäßen Zölibats in apostolischer Perspektive. Dieser Umstand war in der Vergangenheit vielleicht nicht ganz klar, weil das Bewusstsein, das man vom priesterlichen Zölibat hatte, nicht genügend mit der Anfangsform der zölibatären Berufung konfrontiert war. Das Bewusstsein vom Zölibat hing noch allzu sehr von Mentalitäten ab, die dem Christentum äußerlich blieben.

Demgegenüber müsste in Erinnerung gerufen werden, wie in den ersten Jahrhunderten das priesterliche Amt als kollegiale Wirklichkeit gelebt wurde. Diese Wirklichkeit konnte das Entstehen einer gemeinschaftlichen Lebensform von nicht verheirateten Priestern rund um den Bischof nur fördern. Doch die so verstandene Kollegialität löste sich dann mehr und mehr auf, indem an ihre Stelle ganz isolierte Formen des priesterlichen Lebens traten. So ist also zu verstehen, warum der Zölibat dann vorwiegend von dieser neuen Situation aus vertieft wurde (Unterstreichung der mystischen Motivation und der Motivation für den Dienst an den Gläubigen).

Heute versucht man, ausgehend vom Zweiten Vatikanischen Konzil, die kollegiale Dimension des Presbyteriums wiederzuentdecken. Und das müsste auch ein neues Bedenken der Lebensform der Priester auf ein gemeinschaftliches Leben hin mit sich bringen. In einer solchen mehr gemeinschaftlichen Perspektive kann auch der Sinn des Zölibats vertieft werden, wie das Lehramt es bereits angedeutet hat. Die Priester, die auf eine eheliche Verbindung verzichten, tun dies, um dem Herrn Jesus innerhalb einer apostolischen Gemeinschaft nachzufolgen. In einer solchen apostolischen Gemeinschaft sollen sie „jene tiefen und wohltuenden interpersonalen Beziehungen verwirklichen können" (*Orientamenti,* 14), durch die sie sich wirklich und tief dem Geheimnis der Liebe des Herrn Jesus zu öffnen vermögen. Und schließlich ist eine solche apostolische Gemeinschaft gleichzeitig ein typisches trinitarisches Zeichen für jene brüderliche Gemeinschaft, die Christus in der Welt erwecken möchte und die ihr Fundament und ihr Vorbild in der Beziehung zwischen Christus und dem Vater hat.

Zugleich nährt die Teilhabe an der apostolischen Gemeinschaft in den Priestern jene Sehnsucht, sich immer mehr im Dienst an den Brüdern zu verschenken. Vor allem aber bildet diese Teilhabe in ihnen richtige Haltungen des Respekts und des Verständnisses, der Aufmerksamkeit und der Anteilnahme aus. Haltungen, welche die pastorale Liebe auszeichnen müssen. Es tritt somit immer stärker der Bezug zwischen Zölibat und Priestertum hervor, in dem Sinn, dass der priesterliche Zölibat der apostolischen Sendung dienen soll. Ein Leben der brüderlichen Gemeinschaft, dem der Zölibat den Weg bahnen soll, ist grundlegendes Ferment und trinitarisches Zeichen für die Gläubigen. Es ist zugleich auch Stimulus für die Hingabebereitschaft und für die Fähigkeit zu einer tiefen und persönlichen Beziehung auch im Apostolat.

Zweiter Anhang

Deutlich tritt in alldem auch die Grenze jener Position zutage, die den Zölibat des Priesters dadurch wertschätzen möchte, dass sie ihn mit der Aufgabe des Bräutigams in Verbindung bringt. Denn jeder Priester hat diese Aufgabe in Bezug auf die Kirche inne: Die Gemeinschaft der Kirche würde in der dialogischen Dynamik des Ich zum Du die Rolle der Braut übernehmen, die notwendig ist zum Ausgleich jeder Person. Tatsächlich kann man in unserer Zeit den günstigen Niederschlag des bräutlichen Themas wahrnehmen. Zugleich wird aber auch die natürliche und „modische" Tendenz sichtbar, dieses Thema auch auf jede andere Wirklichkeit zu übertragen, vielleicht sogar mit gutem Grund.

Dennoch können diese *Tendenzen des Augenblicks* auch eine gewisse *gezwungene* Art besitzen, weil ja ein Vergleich und das Verglichene umso mehr geeignet erscheinen, als sie in sich das Zeichen sichtbar verwirklichen, das sie bezeichnen wollen. Auf die Betonung dieses bräutlichen Vergleichs sollte für die zölibatären Priester deshalb wohl nicht allzu viel Gewicht gelegt werden, da sie in ihrem konkreten Leben das eheliche Zeichen nicht kennen, nicht verwirklichen und deshalb auch nicht sichtbar machen.

3. Teil

Eine Auswahl von weiteren Texten und Auszügen aus verschiedenen Schriften

Aus den Schriften Johannes Pauls II.

Die Standhaftigkeit der Kirche

Der verstorbene Heilige Vater, Papst Johannes Paul II., hat in seinem autobiografischen Werk *Auf, lasst uns gehen!* ausdrücklich auf den priesterlichen Zölibat Bezug genommen. Wir wollen hier im Folgenden einige Worte des Papstes wiedergeben:

An das „zu Hause", das der hl. Josef für den Sohn Gottes schuf, muss man besonders dann denken, wenn das Thema des priesterlichen und bischöflichen Zölibats angesprochen wird. Das Zölibat gibt die uneingeschränkte Möglichkeit, diesen besonderen Typ der Vaterschaft zu verwirklichen. Eine Vaterschaft in Enthaltsamkeit, die ganz Christus und seiner jungfräulichen Mutter geweiht ist. Der Priester, der frei ist von der persönlichen Sorge um die Familie, kann sich *mit ganzem Herzen* der pastoralen Sendung widmen. Von daher versteht sich auch die Unnachgiebigkeit, mit der die Kirche des lateinischen Ritus die Tradition des Zölibats für ihre Priester verteidigt und dem Druck widersteht, der im Laufe der Geschichte von Zeit zu Zeit dagegen aufkommt. Sicher ist es eine anspruchvolle Tradition, sie hat sich aber als spirituell äußerst fruchtbar erwiesen. Dennoch ist es ein Grund zur Freude, festzustellen, dass auch die verheiratete Priesterschaft der katholischen Ostkirche hervorragende Beweise pastoralen Eifers geliefert hat. Besonders im Kampf gegen den Kommunismus waren die orientalischen verheirateten Priester nicht weniger heldenhaft als die zölibatären. Wie Kardinal Josyf Dlipyj einmal bemerkte, zeigten sie gegenüber den Kommunisten den gleichen Mut wie ihre unverheirateten Kollegen.

An dieser Stelle muss deutlich darauf hingewiesen werden, dass es tiefe theologische Gründe gibt, die für das Zölibat sprechen. Die Enzyklika *Sacerdotalis caelibatus*, die 1967 von meinem verehrten Vorgänger, Paul VI., publiziert wurde, fasst sie folgendermaßen zusammen (vgl. 19–34):

Vor allem gibt es eine christologische Begründung: Da Christus als Mittler zwischen Gottvater und der Menschheit eingesetzt war, blieb er unverheiratet, um sich uneingeschränkt in den Dienst Gottes und der Menschheit zu stellen. Wem das Schicksal vergönnt, an der Würde und der Sendung Christi teilzuhaben, der ist berufen, auch diese völlige Hingabe zu teilen.

Dann gibt es eine ekklesiologische Begründung: Christus hat die Kirche geliebt und sich selbst für sie ganz und gar hingegeben, mit dem Ziel, sie zu seiner herrlichen, heiligen, makellosen Braut zu machen. Mit seiner zölibatären Wahl macht sich der priesterliche Diener diese jungfräuliche Liebe Christi zu seiner Kirche zu eigen und zieht daraus übernatürliche Kraft geistlicher Fruchtbarkeit.

Schließlich gibt es eine eschatologische Begründung: Nach der Auferstehung von den Toten – hat Christus gesagt – „werden die Menschen nicht mehr heiraten, sondern sein wie die Engel im Himmel" (Mt 22,

30). Das Zölibat des Priesters kündigt das Kommen der letzten Zeiten des Heils an und antizipiert in gewisser Weise den Anbruch des Himmelreiches, indem es seine höchsten Werte bestätigt, die eines Tages in allen Kindern Gottes erstrahlen werden.

In der Absicht, den Sinn des Zölibats zu bestreiten, wird gelegentlich mit der Einsamkeit des Priesters und des Bischofs argumentiert. Dieses Argument muss ich aufgrund meiner Erfahrung entschieden zurückweisen. Ich persönlich habe mich niemals einsam gefühlt. Abgesehen von dem Bewusstsein der Nähe des Herrn, war ich auch rein menschlich immer umgeben von vielen Personen und pflegte zahlreiche Kontakte zu den Priestern – Präfekten, Pfarrern, Pfarreivikaren – und zu Laien jeden Standes.

PAPST JOHANNES PAUL II.,
Auf, lasst uns gehen: Erinnerungen und Gedanken.
Augsburg ²2004, 146–148.

„Ich bewundere die priesterliche Brüderlichkeit"

Gerade in Krakau-Nowa Huta wurde ein harter Kampf für den Bau der Kirche ausgefochten. In diesem Stadtteil mit vielen Tausend Einwohnern lebten zum größten Teil Arbeiter einer großen Metall-Industrie, die aus allen Teilen Polens dorthin gekommen waren. Nach dem Plan der Machthaber sollte Nowa Huta ein Musterbeispiel eines „sozialistischen" Bezirks sein, das heißt frei von jeglicher Verbindung mit der Kirche. Man konnte jedoch unmöglich außer Acht lassen, dass diese Leute, die auf der Suche nach Arbeit dorthin gelangt waren, nicht beabsichtigten, auf ihre katholische Verwurzelung zu verzichten.

Der Kampf ging aus von einem großen Wohnbezirk in Bieńczyce. Anfangs erteilten die kommunistischen Behörden auf das erste beharrliche Drängen hin die Genehmigung zum Bau einer Kirche und wiesen sogar das Grundstück aus. Sofort setzten die Leute ein Kreuz darauf. In der Folge wurde jedoch die noch zur Zeit von Erzbischof Baziak gewährte Genehmigung zurückgezogen, und die Behörden ordneten die Entfernung des Kreuzes an. Dem leisteten die Leute entschiedenen Widerstand. Darauf folgte sogar eine Auseinandersetzung mit der Polizei; es gab Opfer und Verletzte. Der Bürgermeister der Stadt forderte uns auf, die Leute zu beruhigen. Das war einer der ersten Akte des langen Kampfes für die Freiheit und Würde dieser Bevölkerung, die das Schicksal in den neuen Teil Krakaus verschlagen hatte.

Am Ende wurde die Schlacht gewonnen, jedoch zum Preis eines aufreibenden „Nervenkrieges". Ich führte die Verhandlungen mit den Behörden, hauptsächlich mit dem Leiter des Provinzialbüros für die Angelegenheiten der Religionen. Dieser Mann hatte in den Gesprächen ein liebenswürdiges Auftreten, war jedoch besonders hart und unnachgiebig in den nachfolgenden Entscheidungen, die einen übel gesinnten und voreingenommenen Geist verrieten.

Der Pfarrer Józef Gorzelany übernahm die Aufgabe der Errichtung der Kirche und führte sie zum guten Ende. Ein weiser pastoraler Schritt war die Einladung an die Pfarreimitglieder, ein jeder möge einen Stein zum Bau des Fundamentes und der Mauern mitbringen. Auf diese Weise fühlte sich jeder an der Errichtung der Mauern des Gotteshauses persönlich beteiligt.

Eine ähnliche Situation erlebten wir im Seelsorgzentrum von Mistrzejowice. Die Hauptfigur in jener Angelegenheit war der heldenhafte Priester Józef Kurzeja, der zu mir kam und sich spontan zur Verfügung stellte, seinen Dienst in jenem Bezirk zu tun. Es gab dort ein kleines Kapellchen, und er hatte sich vorgenommen, darin mit der Katechese zu beginnen, in der Hoffnung, dann ganz allmählich eine neue Pfarrei bilden zu können. Und so geschah es. Doch Józef bezahlte die Kämpfe für die Kirche in Mistrzejowice mit dem Leben. Von den kommunistischen Behörden schikaniert, erlitt er einen Infarkt und starb am Alter von neununddreißig Jahren.

In dem Kampf für die Kirche von Mistrzejowice half ihm der Priester Mikolaj Kuczkowski. Er stammte wie ich aus Wadowice. Ich erinnere mich an ihn aus jenen Zeiten, als er noch Advokat war und eine Verlobte hatte, ein schönes Mädchen namens Nastka, Präsidentin der Jugend der Katholischen Aktion. Als sie starb, entschloss er sich, Priester zu werden. 1939 trat er ins Seminar ein und begann die philosophischen und theologischen Studien. Er schloss sie 1945 ab. Ich hatte sehr engen Kontakt mit ihm, und auch er hatte mich gern. Seine Absicht war es, „etwas aus mir zu machen", wie man so sagt. Nach meiner Bischofsweihe kümmerte er sich persönlich um meinen Umzug in den bischöflichen Palast von Krakau in der Franciszkańska-Straße 3. Viele Male konnte ich feststellen, wie sehr er Józef Kurzeja, dem ersten Pfarrer von Mistrzejowice, zugetan war. Was Józef selbst angeht, so kann ich sagen, dass er ein einfacher und guter Mensch war. (Eine seiner Schwestern ist Ordensschwester bei den Mägden vom Heiligen Herzen.) Wie gesagt, Mikolaj Kuczkowski half ihm sehr in seiner pastoralen Tätigkeit, und als Józef starb, legte er sein Amt als Kanzler der Kurie nieder, um seine Nachfolge in der Pfarrei von Mistrzejowice anzutreten. Beide sind dort begraben, in der Krypta unter der Kirche, die sie erbaut haben. Vieles könnte ich von ihnen erzählen. Sie bleiben für mich ein beredtes Beispiel priesterlicher Brüderlichkeit, die ich als Bischof beobachtet und mit Bewunderung unterstützt habe: „Ein treuer Freund ist wie ein festes Zelt, wer einen solchen findet, hat einen Schatz gefunden" (Sir 6,14). Die echte Freundschaft hat in Christus ihren Ursprung: „Ich habe euch Freunde genannt ..." (vgl. Joh 15,15).

PAPST JOHANNES PAUL II.:,
Auf, lasst uns gehen: Erinnerungen und Gedanken,
Augsburg ^{2}2004, 86–89.

Über das Erkennen und die geistliche Unterscheidung und Klärung einer Priesterberufung

(vgl. MARIO MARINI: *Dalmanuta.* Die Ehre Gottes, Kißlegg 2006, 191–225, „Zehnte Betrachtung")

„Gleich darauf stieg er mit seinen Jüngern ins Boot und fuhr in das Gebiet von Dalmanuta" (Mk 8,10)

Mit dem heutigen Thema möchte ich einen im Hinblick auf die Jünger Jesu sehr interessanten Gegenstand berühren: das Problem der priesterlichen Berufung oder, besser gesagt, das Erkennen und die geistliche Klärung einer Priesterberufung. Welche Kriterien dafür kann es geben und welchen davon muss man dann folgen, wenn man erkennen will, ob man eine Berufung zum Priestertum hat oder nicht? Dieses Thema der Klärung einer priesterlichen Berufung folgt jenem parallel zu verstehenden Thema, das wir gestern bedacht haben: „Wie der Herr Jesus die Zwölf berufen und eingesetzt hat".

Ich habe zu euch schon über jenen kurzen „Ausweis" gesprochen, der im „Mindestbekenntnis des Glaubens" des hl. Athanasius besteht: „Im Namen des Vaters und des Sohnes und des Hl. Geistes". Gleichfalls habe ich euch auch schon den „Minimalausweis" – oder die kürzeste Synthese – des Priestertums gegeben, die im evangelischen Bericht zu lesen steht: *Und er stellte zwölf auf, damit sie mit Ihm zusammen seien und damit Er sie aussenden könne, das Evangelium zu verkünden* (Mk 3,14). Dieser sehr wichtige Satz enthält drei Elemente: 1. *Er stellte zwölf auf,* 2. *damit sie mit Ihm zusammen seien,* und 3. *damit Er sie aussenden könne, das Evangelium zu verkünden.* Diese drei Elemente, die vom Markusevangelium so dicht ausgedrückt werden, sind in der Tat die drei grundlegenden und minimalen Elemente, die allgemein notwendig und als wesentlich anzusehen sind für eine Priesterberufung.

1. Die Kriterien der Beobachtung

In der tatsächlichen Praxis benützen einige Verantwortliche folgende Kriterien der Beobachtung, um zu erkennen, ob ein junger Seminarist eine Priesterberufung besitzt: Man beobachtet zum Beispiel, ob er fromm ist, ob er gerne seinen religiösen Pflichten und dem Gebet obliegt; dann, ob er demütig ist, sich nicht rühmt, nicht hochmütig und arrogant ist, ob es ihm gelingt, gut mit den anderen Kollegen zusammenzuleben. Beobachtet wird auch, ob er heilig sein möchte und ob er Glauben besitzt; ob er gehorsam ist und ob er die Versuchungen gegen die Keuschheit besiegen kann. Ferner ob er lernfähig und lerneifrig ist, ob er genau und pünktlich in seinen Aufgaben und Pflichten ist, ob er apostolischen und missionarischen Eifer besitzt … Wenn einer also diese oder ähnliche Charaktereigenschaften mehr oder weniger besitzt, bedeutet dies nach einigen Verantwortlichen, dass ein klares Zeichen einer priesterlichen Berufung vorhanden ist.

Man kann nun hinzufügen, dass diese Kriterien schon einigermaßen alt sind oder, wie man heute sagt, „gestrig“, sodass einige sie „an das Heute angepasst“ haben. Dazu wurden verschiedene Umstellungen und ziemlich komplexe Vorgehensweisen angewendet, indem die genannten Kriterien durch Studien, Untersuchungen, Tests und Therapien psychologischer Art bereichert und vermischt wurden. (Gegenwärtig wird von gewisser Seite sogar versucht, diese Mode der Psychologie und ihren spezifischen Gebrauch in verschiedenen Gebieten voranzutreiben.)

2. Der Gebrauch der Psychologie

Ich spreche gern über den Gebrauch der Psychologie, denn als ich spirituelle Theologie an der Universität Gregoriana in Rom studierte, hörte ich neben anderen Professoren der Psychologie einen sehr anerkannten und kompetenten Professor für Psychologie und Autor verschiedener Bücher über diese Materie, nämlich den bekannten Jesuitenpater Georges Cruchon S.J. (Autor des Standardwerkes *Psychologia pastoralis*, I/II).

Die Professoren, die wir damals an der Gregoriana hatten, verhalfen uns zu einem gesunden „kritischen Sinn" hinsichtlich des Gebrauchs der Psychologie. Denn einige tendierten schon damals dazu hin, die Psychologie zu einer Art von *Mythos* umzuformen. In der Tat ist die Psychologie *keine* sogenannte exakte Wissenschaft, wie es zum Beispiel die Mathematik ist (die Mathematik ist ja eine „exakte Wissenschaft", und ich konnte diese Disziplin eingehend studieren, als ich mich auf das Doktorat im Ingenieurwesen an der Universität von Bologna vorbereitete), *vielmehr* ist die Psychologie eine auf Experimente angewiesene Wissenschaft. In solchen experimentellen Erfahrungswissenschaften zieht man für die gesuchten Bewertungen verschiedene und unterschiedliche Fälle und Parameter heran. Daraus arbeitet man dann eine Art Mittelwert heraus. Dieses Ergebnis beruht auf der Grundlage bestimmter Auswahl- und Anordnungskriterien. So werden Hypothesen formuliert sowie praktische und anwendungsorientierte Modelle vorgelegt.

In der Tat zeigten sich in der Geschichte der Psychologie verschiedene Denkschulen nicht zufällig in Entgegensetzung und auch im Widerspruch zueinander, auch im Hinblick auf wichtige Inhalte, Blickrichtungen und Schlussfolgerungen. Folglich muss man sehr vorsichtig sein, man darf keine Eile und kein „absolutes" Vertrauen in die Schlussfolgerungen einer gewissen Schule auf Kosten einer anderen haben: Nicht selten ist das, was in der Psychologie heute als sicher und bestimmt erscheint, kurze Zeit darauf überholt und wird durch das Ergebnis einer anderen Untersuchung oder eine andere Schule abgelöst.

Ich möchte ein Beispiel geben. Wenn ihr verschiedene Elemente (Parameter des jeweiligen Wertes) auf eine Person bezieht, so besitzt jene Person so viel an Affektivität, soviel an Erinnerungsvermögen, so viel an Willensstärke, so viel an Intelligenz, so viel an Aggressivität usw., bis ihr zu 25 oder 30 Parametern oder noch mehr kommt. Der Mittelwert dieser Parameter, den die Untersuchenden experimentell festlegen, könnte für ein Element *5* sein, dann *7* für ein anderes Element, *19* für wieder ein anderes und *12* für noch ein anderes. Wenn man dann aber eine konkrete Person anschaut, kann es sein, dass diese konkrete Person für das eine oder andere Element im Mittelwert liegt, aber dass sie für andere Elemente keineswegs im Mittelwert liegt.

Gott ist in Wahrheit ein Musiker, und sicher gefällt Ihm die Harmonie des Konzerts, die man erhält, wenn man die Noten abwechselt. Genau so scheint Er vorzugehen, wenn Er die Personen erschafft: Einem gibt Er etwas mehr Affektivität, einem anderen ein wenig mehr Gedächtnis, einem anderen mehr oder weniger Willenskraft, wieder einem anderen gibt er etwas weniger Aggressivität. Was also den experimentellen Mittelwert betrifft, so befinden wir uns alle – was ganz normal ist – ein wenig mehr darüber oder ein wenig mehr darunter bezüglich des Mittelwertes eines einzelnen Elements. Man könnte deshalb in fast absurder Weise sagen, dass für einen Psychologen eine „normale" Person (also eine Person, die im genauen Mittelwert aller erfahrungsmäßig gewonnenen Parameter der verschiedenen psychologischen Schulen liegt) tatsächlich nicht existiert.

3. Schwere Missbräuche im Gebrauch der Psychologie

Soeben habe ich nur ein Beispiel für die normale Vorsicht und die notwendigen Vorsichtsmaßregeln gegeben. Aber darüber hinaus muss auch in Betracht gezogen werden, dass es Missbräuche im Gebrauch der Psychologie geben kann und gibt, die sehr schwerwiegend sind.

Nehmen wir zum Beispiel einmal an, dass einer von euch bei mir zum Beichten kommt und mir sagt: „Schauen Sie, Vater, ich habe eine kleine Lüge gesagt, und um der Ruhe meines Gewissens willen möchte ich beichten." – Eine kleine Lüge ist keine große Sünde. Wenn ich dann nach jener Beichte zum Beispiel zufällig den Rektor im Speisesaal treffe und ihm sage: „Denken Sie, der und der ist zu mir beichten gekommen und hat mir gesagt, dass er eine kleine Lüge gesagt habe", falle ich sofort in eine ganze Reihe von Strafen, die von der Kirche dafür festgesetzt wurden. Ich würde suspendiert und wäre an der Spendung der Sakramente gehindert, weil ich das Geheimnis der Person, das *forum internum* des Gewissensbereichs und das Beichtgeheimnis verletzt hätte. Man unterwirft mich also einer Reihe von Strafen, weil ich offenbart habe, dass dieser oder jener mir eine kleine Lüge gebeichtet hat: So streng und gerecht schützt und verteidigt die Kirche das Gewissen der Personen. (Der hl. Johannes Nepomuk zog es bekanntermaßen vor, sich in die Moldau werfen zu lassen und in dem trägen und kalten Fluss Prags zu ertrinken, statt ein Geheimnis des Gewissens zu offenbaren.)

Pius XII. hielt beim Empfang einer Gruppe von Strafrechtlern, Ärzten und Psychologen am 3. Oktober 1953 eine berühmte Ansprache über die Heiligkeit und absolute Unverletzlichkeit des menschlichen Gewissens: „An der Schwelle des Gewissens", sagte er, „bleibt selbst Gott stehen und tritt nicht ein, wenn Ihm die Türe nicht geöffnet wird und Er nicht frei eingeladen wird. Das Gewissen ist also ein Heiligtum, an dessen Schwelle alle halten müssen. Alle, auch der Vater und die Mutter, wenn es sich um ein Kind handelt." Auch das Gewissen eines Kindes muss respektiert werden! Die Kirche hat diesbezüglich ein überaus klares Axiom formuliert: *De internis neque Ecclesia.* Nicht einmal die Kirche hat das Recht, in das Gewissen einzugreifen. Ich würde euch deshalb gerne einen gesunden kritischen Sinn für einen übereilten Gebrauch der Psychologie mitgeben, damit ihr eindeutig die Mythologisierung der Psychologie und die Missbräuche zurückweisen könnt und damit ihr die positiven Aspekte in entsprechender und geeigneter Weise benützen könnt. Im Übrigen könnte die selbstkritische Bescheidenheit der Darlegung dieser Materie und des Psychologen von euch als eine gute Empfehlung betrachtet werden. Der Herrschaftswille hingegen, der Wille, sich aufzudrängen und Kriterien, Methoden und Schlussfolgerungen aufzuerlegen, ist für gewöhnlich ein unmittelbares und fast immer sicheres Zeichen der Unzuverlässigkeit.

Konkret scheint mir, dass man als Kriterium für den gesunden Gebrauch der Dienste eines Psychologen vonseiten einer „Institution" (etwa eines Seminars oder Noviziates) den analogen Gebrauch der Dienste etwa eines Zahnarztes durch diese Institution ansehen könnte. Gehen wir davon aus, dass das Seminar zum Beispiel einen Zahnarzt kontaktiert und dann allen bekannt gibt: Wenn einer der Alumnen oder Vorgesetzten des Seminars ein diesbezügliches Problem habe, möge er durchaus zum Zahnarzt gehen, der sich an diesem und jenem Ort zu dieser und jener Zeit befindet. Dann wird das Seminar die entsprechenden Kosten übernehmen. Zum Gebrauch der Dienste eines Psychologen müsste man in einer ähnlich einfachen Weise Zuflucht nehmen. Man könnte also dasselbe tun, indem man die Namen von zwei oder drei guten Psychologen empfiehlt, mit guter Ausrichtung und katholisch. So würde den Seminaristen die Möglichkeit angeboten, mit einem der Psychologen über ein delikates Thema zu sprechen. Der Rat dazu sollte nicht unbedingt vom Leiter, sondern vielleicht mehr vom zuständigen Spiritual kommen, wenn dieser einen entsprechenden Schritt als nützlich ansieht. Doch diese psychologische Beratung muss eine streng private Unterredung oder Beratung sein, geheim und getragen von äußerster Zurückhaltung. Auf keine Weise, nicht einmal indirekt, dürfen Inhalte der Leitung des Seminars mitgeteilt werden. Man darf auch keinerlei schriftliche Aufzeichnungen davon herstellen und diese den Leitern des Seminars mitteilen, und man darf diese Aufzeichnungen auch nicht aufbewahren. Der Respekt vor dem Gewissen muss also absolut sein. (Die einzigen Informationen, welche die Leiter einer Institution rechtmäßigerweise von einem Psychologen erhalten dürften, wären jene äußere und technische Informationen über Veranlagungen, die durch einfache und nicht projektive Tests erarbeitet wurden; wenn zum Beispiel eine Firma zur Automobilherstellung Arbeiter an drei verschiedene Bereiche zuteilen muss, dann kann sie Prüfungen oder Tests dieser Art, also was die technische Eignung betrifft, machen, aber nie darf sie Tests machen hinsichtlich der Person oder des Gewissens.)

4. In der Freiheit des Gewissens wird die Berufung entdeckt und verwirklicht: „Wie gelingt es also zu erkennen, ob einer diese Berufung hat oder nicht?“

Dies ist die richtige Frage. Wenn ein Priester über mehrere Jahre hindurch Leiter eines Seminars ist und einen Alumnen über fünf oder sechs Jahre vor Augen hat, aber zuletzt nicht sagen kann – zusammen mit den anderen Vorgesetzten –, auf der Grundlage der täglichen Beobachtung zahlreicher Parameter und Beobachtungspunkte des „äußeren Forums“ außerhalb des Gewissens, ob dieser Alumne zur Priesterweihe zugelassen werden kann oder nicht, dann würde ich sagen, dass das Problem ein anderes ist. Ich würde meinen, dass das, was getan werden müsste, der sofortige Wechsel des Vorgesetzten wäre.

Jedenfalls *gibt es nie* das Recht zur Verletzung der Intimität des Gewissens, von keiner Seite und unter keinem Vorwand, so ernst und wichtig er sein könnte. Denn wir haben ja gesehen: „Gott selbst bleibt stehen vor der Schwelle des Gewissens“ (Pius XII. sagte: „auch des Gewissens eines Kindes“). Wo also Gott vor Respekt stehen bleibt, hat auch kein anderer das Recht einzutreten. *De internis neque Ecclesia.*

Wie kann es nur möglich sein, dass ein Vorgesetzter durch Jahre hindurch täglich mit einer Person zusammengelebt hat und trotzdem nicht in der Lage ist, zu beurteilen, ob diese Person bleiben und fortschreiten kann zur Priesterweihe oder aus dem Seminar gehen muss? Manchmal sind einige Vorgesetzte – in der ein wenig kindlichen Illusion, sich das Leben und die eigenen Pflichten selbst erleichtern zu können – vielleicht versucht, statt eines Seminars mit freien Personen, die ein unverletzliches Gewissen haben, eine Art „Käfig mit folgsamen Meerschweinchen“ haben zu wollen. Aber dies wäre nichts anderes als eine Karikatur von schlechtem Geschmack und von schlechtesten Ergebnissen. *Die Freiheit und vor allem die Freiheit des Gewissens,* wie wir dies schon mehrere Male unterstrichen haben und wie es nie genug unterstrichen werden kann, ist das wertvollste Geschenk, das Gott uns gegeben hat: Die Freiheit ist das

Abbild Seiner selbst in uns. Sie führt uns zur Entscheidung der Liebe, und ihr Ziel ist die Selbstverwirklichung der Person in einem Projekt der Identität und Treue zu Gott. Genau dort, in der Freiheit, entdeckt man und verwirklicht man die Berufung. Im Plan Gottes, der uns Ihm ähnlich geschaffen hat, wird die Herrschaft der Freiheit immer bleiben. Dies sehen wir paradoxerweise auch im negativen Extremfall gut. Nämlich in jenem von Judas, der zu einer herrlichen Berufung herangezogen wurde und der bis zum Ende frei blieb, treu sein zu können oder die Treue zu seinem großen und liebenden Freund zu verraten.

5. Priesterliche Berufung oder „psychische Bestimmungen"?

So also kam es, dass zu den alten Kriterien für die Erkennung einer priesterlichen Berufung, die wir zunächst aufgezählt haben, in den modernen Zeiten in verschiedener Weise auch der Gebrauch von psychologischen Techniken und psychischen Therapien hinzugefügt wurde. Einige wollen dabei sehr vereinfacht sagen: „Unterstellen wir den Kandidaten einer Reihe von psychologischen Tests, und *der Psychologe wird uns sagen, ob er eine priesterliche Berufung hat oder nicht.*" Mit diesem Anschein der Modernität wollen sich die Verantwortlichen in naiver, aber doch fahrlässiger Weise des schwierigen Problems des Erkennens und der geistlichen Unterscheidung einer priesterlichen Berufung entledigen.

In Wirklichkeit weiß dieser „Herr Psychologe" nichts über die Berufung des Betreffenden. Und er kann für diese Aufgabe weder delegiert werden noch kann er diesbezügliche Offenbarungen über den Betreffenden, den er untersucht hat, machen: Die Rolle des guten Psychologen ist sehr delikat und muss selbst beschützt werden vor der Grobheit gewisser Rektoren und Regenten. Diese versuchen vielmehr, dadurch ihr Gewissen zu erleichtern, dass sie dem Psychologen eine Rolle zuschieben, die eigentlich ihre ist. Die Berufung ist etwas sehr Tiefes, Ernstes und Delikates. Sie ist ein „Geheimnis", das die menschliche Person und ihren Gott betrifft. An Gott kann die Person nur gebunden werden durch einen freien Akt, einen einzigartigen Akt – so zerbrechlich er durch die Umstände auch sein mag. Dieser Akt muss der Person und Gottes zur gleichen Zeit würdig sein.

Wie ist es möglich, dass wir uns einbilden, es gebe allgemeine Bestimmungen oder Vorbestimmungen, durch die alles gewusst werden kann, und alles könne durch einige, mehr oder weniger ausgeklügelte Tests und Therapien reguliert werden?

Ich möchte diese Frage in vier Punkten behandeln: 1) Das komplexe System der alten Kriterien, über das wir schon vorher gehandelt haben, 2) mit dem modernen Zusatz des Einsatzes psychologischer Methoden (die manchmal schlecht gebraucht werden), 3) die man heute nicht selten – mehr um der naiven Sicherheit der Leiter als um der Objektivität des Ergebnisses willen – gebraucht, 4) um die Wirklichkeit und die Objektivität einer Priesterberufung zu erklären.

Dieses Kriterium oder der Komplex dieser Kriterien in vier Punkten, die wir gerade dargestellt haben, *ist nicht angemessen und ausreichend, um zu bewerten oder zu verstehen, ob eine priesterliche Berufung existiert.* Nicht angemessen ist es vor allem, wenn man es als einziges Kriterium annimmt, das als in sich genügend angesehen wird. Es gibt in der Tat Parameter oder Bewertungen, die nützlich, aber nicht entscheidend sind, um zu verstehen, ob einer eine Priesterberufung hat oder nicht. Versuchen wir also zu sehen, warum die oben genannten Kriterien nicht angemessen und ausreichend sind. Denn wenn es so wäre, würde man denken müssen, dass dies keine schöne Bestätigung für das Ehesakrament ist. Es könnte nämlich scheinen, dass damit die Folgerung zulässig sei: Die „Guten" seien für das Priestertum bestimmt und die ein wenig „weniger Guten" für die Ehe.

Ohne das vielleicht ausdrücklich zu wollen, katalogisieren wir durch eine solche Vorgehensweise nicht nur die Menschen und die Personen, sondern vor allem auch die Sakramente: Paradoxerweise endet dies damit, dass wir ein Sakrament erster Klasse für die „Guten“ und ein Sakrament „zweiter Klasse“ für die „weniger Guten“ haben. Dies scheint unpassend und unannehmbar. Wenn wir die beiden Sakramente als von gleicher Würde ansehen, ebenso wie die beiden dazugehörigen Lebensstände, das Priestertum und die Ehe, können wir nicht mit leitenden Kriterien vorangehen, die dazu führen, dass das eine Sakrament im Vergleich zum anderen unterbewertet und um seinen Wert gebracht wird. So kommen wir zu einer Schlussfolgerung und Wertung: Dass nämlich die Kriterien, die oben beschrieben wurden, *nützlich* sein können, aber dass sie *nicht ausreichend und angemessen* sind, um eine Priesterberufung zu erkennen und zu klären. – Die Berufung kommt in der Tat von Gott, und die Kirche beschränkt sich generell darauf, sie zu erkennen, sie anzunehmen, sie zu fördern, sie voranzubringen.

6. Die Zeichen der Zeit

In einigen Fällen kann man zu den genannten leitenden Kriterien, die nicht ausreichend sind, noch andere hinzufügen, wie jenes von den „Zeichen der Zeit“ im Hinblick auf das persönliche Leben. Zum Beispiel, wenn einer aus einer sehr katholischen, kinderreichen Familie stammt und seit seiner Kindheit im Seminar war, wenn er dort gerne gewesen ist, immer Fußball gespielt hat, gut studiert hat und immer gute Noten gehabt hat, immer gerne mit seinen Mitstudenten zusammen war … warum sollte er nun den Weg ändern? Das „Zeichen der Zeit“ in diesem Fall und für diese konkrete Person wäre: „Er ist schon auf einem guten Weg.“ – Wenn also der Betreffende schon gut ausgerichtet ist, dann wäre dies für einige schon ein Anzeichen der Berufung. Wenn dieses Kriterium angemessen, gerecht und ausreichend wäre, hätte ich mich selbst nach einer anderen Richtung umsehen müssen. Denn die Begebenheiten und Wege meines Lebens und meiner Familie, meiner Jugend – über die ich schon Andeutungen in der ersten Betrachtung gemacht habe – waren wirklich nicht so, dass sie schon damals auf eine Priesterberufung hingedeutet hätten. In Wirklichkeit ist es ja auch nicht so: Ein äußeres Kriterium kann nicht das einzige, das ausreichende und entscheidende Kriterium hinsichtlich einer Priesterberufung sein.

Man könnte zahlreiche Beispiele hervorragender Berufungen aus der Kirchengeschichte geben, die nicht aus einer geeigneten Situation, aus einer günstigen Umwelt oder Schicht hervorgingen, sondern die aus der Freiheit Gottes stammten. Gott beruft, wen Er frei berufen will: Hier ist die geheimnisvolle und wirksame Freiheit Gottes selbst im Spiel. Es ist wirklich der Herr, der beruft: *Jesus richtete den Blick auf den jungen reichen Mann und sagte zu ihm …* Es kann nun durchaus angemessen sein, die physischen, psychologischen, geografischen, ökonomischen und familiären Bedingungen in Betracht zu ziehen. Es gibt Situationen, in denen einige dieser Faktoren wichtig sein können, um den Fall in seinem Insgesamt zu bewerten. Es können diese jedoch nicht die entscheidenden und bestimmenden Faktoren sein. Es ist in der Tat gänzlich unglaubwürdig und ungenügend, sich nur auf eine psychologische Untersuchung oder auf eine Bewertung des Umfelds zu stützen, um die eigene priesterliche Berufung zu klären. Man würde in diesem Fall in einen deterministischen und auch gefährlichen Mechanismus verfallen.

7. Verschiedene Arten von Heiligkeit und Anomalien im Hinblick auf deterministische Kriterien

Es gibt große Heilige der Kirche, denen wir heute die Berufung absprechen müssten, weil sie nicht in jene „Kategorien“ hineinpassen, die wir nun betrachten.

Zum Beispiel der hl. Alphons Maria von Liguori. Er hatte ein Problem, das die Psychologen heute nicht akzeptieren würden: Er war betroffen von einer „psychischen Krankheit", die sich vor seinem Tod noch weiter verschärfte. Dieselbe „psychische Krankheit" hatte die hl. Maria-Louise von Marillac, die Gründerin der größten Frauenkongregation der Kirche, der Barmherzigen Schwestern. Auch in ihr verschlimmerte sich die Krankheit vor dem Tod. Die psychische Krankheit, die diese beiden Heiligen hatten, war das Skrupulantentum. In manchen Phasen des Lebens kann für jeden die Prüfung des „Skrupels" hereinbrechen; das ist normal. (Im Fall der hl. Maria-Louise de Marillac wissen wir auch, dass der hl. Vinzenz von Paul, ihr geistlicher Vater, diesen Skrupeln nicht nachkommen wollte, obwohl sie schon dem Tode nahe war.)

Der hl. Camillus seinerseits war auf Grund von Kriegswunden lahm. Damals aber wurden jene, die lahm waren, nicht zu den hl. Weihen oder in religiöse Kongregationen zugelassen. Deshalb konnte er, der Franziskaner werden wollte, nicht einmal Priester werden. Der hl. Camillus hatte sogar einen Konflikt mit seinem geistlichen Vater, dem hl. Philipp Neri, einem zu seiner Zeit sehr bekannten Priester in Rom. Der hl. Philipp Neri folgte den Kriterien, die zu seiner Zeit für die Klärung einer Berufung vorlagen, und versuchte den hl. Camillus zu überzeugen, dass er als Lahmer keine wahre Berufung haben könne. Da aber folgte der hl. Camillus seiner wahren Berufung und widmete sich der Gründung einer neuen Kongregation. Er gründete die berühmte Kongregation der Krankenpfleger des hl. Camillus, kurz „Camillianer" genannt.

Es scheint, dass sogar der Heilige Vater, Papst Johannes Paul II., in seiner Jugend bei den Karmelitern manchem Unverständnis in der Klärung seiner Berufung begegnet ist. Johannes Paul II. selbst spricht davon in seiner Autobiografie *Geschenk und Geheimnis*. Möglicherweise fühlte er sich sehr angezogen von der karmelitanischen Berufung, doch wegen der sehr andersartigen Kriterien der Klärung wählte er schließlich die Berufung eines Diözesanpriesters. (Zur vertiefenden Lektüre über die Verschiedenheit der Kriterien zur Klärung einer Ordens- und Priesterberufung kann man den schon zitierten autobiografischen Text des Heiligen Vaters heranziehen, aber auch andere parallele und glaubwürdige Texte, wie zum

Beispiel das Buch des polnischen Priesters und Journalisten Malinski mit dem Titel *Mein alter Freund Karol.*) In Wertschätzung der karmelitanischen Spiritualität jedoch widmete Johannes Paul II. seine Doktorthese in Rom dem Thema des „Glaubens“ beim hl. Johannes vom Kreuz.

Die Berufung, dies muss unerschütterlich und mutig betont werden, ist wirklich ein Ruf Gottes. Um die Kriterien der Klärung einer Berufung zu bewerten, kann es interessant sein, die Gesamtheit der Umstände niederzuschreiben. Doch dies kann niemals ausreichend und entscheidend sein. Am Ende muss jemand immer und jenseits aller Umstände erkennen können, ob er wirklich eine Berufung hat.

8. Priesterliche oder kanonische Berufung?

Es gibt einige, die legen beispielsweise Nachdruck auf ein anderes Kriterium, das ihnen objektiv erscheint – und dies ist auch so. Dennoch bleibt dieses Kriterium ungenügend, obwohl es sicher wichtig ist. Diese Menschen denken, dass die *priesterliche Berufung* mit der *kanonischen Berufung* zusammenfalle, die von der Kirche gegenüber einem konkreten und besonderen Individuum getroffen wird. Man kann dies folgendermaßen erklären. Der Bischof oder ein Vorgesetzter ruft dich und sagt: „Du hast eine Berufung, ich rufe dich, komm!“ Wenn das geschieht, so ist dies die „kanonische Berufung“ durch eine Autorität der Kirche, welche die Vollmacht hat, zum priesterlichen oder religiösen Dienst zu rufen. Dies ist offensichtlich sehr wichtig, aber allein nicht ausreichend, um zu belegen, dass konkret und wirklich eine Berufung vorhanden ist.

An diesem Punkt könnte es nützlich sein, auch die andere Seite der Medaille zu überprüfen und zu betrachten. Zum Beispiel müssen, wenn zwei Personen heiraten, beide einverstanden sein. Auch da reicht die „Berufung“ nur eines der beiden nicht aus. Dies gilt in analoger Weise, wenn einer Priester werden will: Es kommt zum Aufbau eines Bezugs und eines besonderen Bandes zwischen ihm und der Kirche. Band und Bezug, die in gegenseitigem Einverständnis sein müssen. Deshalb muss man sich bei der Verwirklichung einer Priesterberufung auch den Gesichtspunkt der anderen Seite, der Kirche in der Form des Bischofs oder des Ordensoberen, gegenwärtig halten. Diesen Gesichtspunkt könnte man „kanonische Berufung“ nennen.

Wenn der Kandidat das Recht hat, zu sagen: „Ich *habe* die Berufung oder ich *habe sie nicht*“, dann muss man zugeben, dass auch die Kirche das Recht hat zu sagen: *„Ich nehme dich an* oder *ich nehme dich nicht an* als Priester.“ Es bleibt also das Faktum bestehen, dass die Autorität (der Bischof oder Ordensobere) der Kirche entweder „Ja“ oder „Nein“ sagen kann in dem, was die Annahme der Berufung betrifft, die einer zeigt. Dies wäre folglich die „kanonische Berufung“. Aber diese „Annahme“ oder „Nichtannahme“ impliziert nicht unmittelbar, dass ich eine Priesterberufung „habe“ oder „nicht habe“. Es handelt sich dabei also um ein praktisch notwendiges Requisit, das aber nicht ausreichend ist.

Wenn nun aber eine Autorität mich in formaler und „kanonischer“ Weise ruft, müsste ich schon geklärt und entschieden haben, ob ich eine Priesterberufung habe oder nicht: Es handelt sich hier um die Klärung und um ein fundamentales Urteil über die Berufung, welches die betreffende Person selbst frei und vollständig leisten muss. Kein anderer kann dies an ihrer Stelle tun. Zu diesem Punkt muss noch Folgendes ergänzt werden: Wenn eine bestimmte Autorität der Kirche mich zurückweist, will das für sich selbst noch keineswegs absolut sagen, dass ich keine priesterliche Berufung habe. Ich kann mich stattdessen immer in legitimer Weise an eine andere Stelle wenden, um zu beharren und meine eventuelle priesterliche Berufung darzulegen: sei es bei derselben „kirchlichen Person“, aber unter anderen Umständen, sei es bei einer ganz anderen Gelegenheit. Es gab und gibt viele ähnliche Fälle von Heiligen und anderen guten Priestern, die Widerwärtigkeiten und Unverständnis in der kanonischen und formalen Anerkennung ihrer Priesterberufung hatten, die sich aber dann als völlig authentisch herausstellte.

9. Das Kriterium: die apostolische Gemeinschaft als „apostolica vivendi forma"

Nach all diesen Überlegungen kommt nun schließlich die fundamentale und entscheidende Frage, die ihr euch wohl alle stellt, und zwar: *Welches ist das Kriterium?* Welchem Kriterium muss man folgen und welches Kriterium ist anzuwenden, um mit Sicherheit zu klären und zu entscheiden, ob eine Priesterberufung vorliegt oder nicht? – Man kann dies mehr oder weniger schnell sagen. Danach werden wir in jedem Falle mit verschiedenen Bildern und Eindrücken zum oben Behandelten zurückkehren und es aus verschiedenen Blickwinkeln und mit mehr Genauigkeit betrachten können.

Das Kriterium

Da das Priestertum ein umfassendes Zeugnis des Lebens bedeutet (es verpflichtet dich nicht nur zu einer Funktion, sondern es fordert dich im Sein, in deinem Leben, als Zeuge und Spiegel des Herrn Jesus; es fordert dich heraus zu einem besonderen Dasein, mit ganz genauen Modalitäten), besteht das erste wesentliche Element der Bestimmung einer Priesterberufung in Folgendem: nämlich in der eigenen, durch die Gnade des Heiligen Geistes geschenkten unerlässlichen Einsicht, in einen umfassenden und ausschließlichen Plan für das eigene Leben und für die eigene menschliche und übernatürliche Liebe eingebunden zu sein. Diesen Plan gilt es in einem priesterlichen Leben zu verwirklichen. – Eine solche Einsicht führt zu der Haltung: „Ich kann mich selbst nicht in einer anderen Form verstehen als so!" Auch wenn einer vielleicht alle Sünden der Welt an sich hat – wenn er diese Überzeugung gewinnen sollte und so denkt (der hl. Paulus zum Beispiel dachte so!), dann befindet er sich auf einem guten Weg, um Priester zu werden. Er hat dann eine wirklich gute Basis für eine Priesterberufung. Viele große Heilige waren zunächst große

Sünder. Doch obwohl sie noch in der Sünde waren, hat Gott sie schon berufen, damit sie Seine Apostel seien.

Diese Einsicht trifft jemanden normalerweise nicht auf einen Schlag. Vielmehr beginnt man oft, wie es auch euch im Seminar geschehen wird, alles, was mit der Priesterberufung zu tun hat, in einem Prozess der persönlichen Reifung zu erkennen. Zu den „Jüngern" des Herrn Jesus zu gehören bedeutet, Teil einer Gemeinschaft um ihn herum zu werden. Diese Gemeinschaft wird schon seit den Zeiten der Kirchenväter als *apostolica vivendi forma*, als die „Lebensweise der Apostel" benannt und gesehen. Dies bedeutet, eingeführt zu werden in eine Gemeinschaft von Personen, also in einen „Organismus" von Personen oder auch in eine „Ordnung" von Personen. Im Lateinischen spricht man geradezu von „ordo", und von daher stammt auch das Wort „Orden". Gemeint ist ein Stand innerhalb der Kirche, in unserem Fall das Weiheamt oder auch das „heilige Weiheamt des Priestertums". Man tritt also in eine Gemeinschaft von Personen um den Herrn Jesus ein. In eine „Ordnung" oder in einen „Stand" von Personen um Christus herum, in eine geordnete und miteinander verbundene Gesamtheit von Jüngern um den Herrn. Der kollegiale Charakter der apostolischen Gemeinschaft, wie er seit den Anfängen der Kirche ganz klar gesehen wurde, wurde vom Ökumenischen Konzil des II. Vaticanums wieder stark aufgewertet. Doch schon zuvor wurde er bei verschiedenen Gelegenheiten und in verschiedenen Epochen des Lebens und der Geschichte der Kirche immer wieder aufgegriffen. Man will also und man wollte schon immer das Bild von der „Gruppe der Jünger um den Herrn herum" verwirklichen, wiederholen und gegenwärtig machen. Darin besteht die Gemeinschaft der Apostel, die *apostolica vivendi forma.*

Ihr hier in eurer Gemeinschaft der jungen „Cruzados de Cristo Rey", die ihr euch auf das Priestertum vorbereitet, habt eine große Gnade, denn ihr lebt ein gemeinschaftliches Leben. Das gemeinschaftliche Leben bringt einerseits auch manche Buße mit sich: vor allem das Aushalten und Ertragen von so manchen Kollegen und manchmal auch von so manchen lästigen Vorgesetzten. Andererseits aber und in allererster Linie ist das gemeinschaftliche Leben überaus wichtig, interessant und anregend: Gerade in ihm lernt man nämlich, wie man als Brüder und als Freunde sein und leben muss, gerade so, wie es auch in der apostolischen Gemeinschaft war. Das gemeinschaftliche Leben stellt eine sehr positive Entwicklungsmöglichkeit für eine Person dar, vor allem, wenn sie mit Geduld, mit Feinfühligkeit, in einer in jeder Hinsicht angemessenen Weise und auch mit Mut versucht, gute Freundschaften zu bilden. In dieser Form wird das gemeinschaftliche Leben sehr fruchtbar: Es lässt im Herzen das Bild Gottes selbst lebendig werden für den ganzen Rest des Lebens. Gott selbst nämlich ist „in sich selbst" eine einzigartige und besondere Gemeinschaft und Austauschbeziehung, die wir die Allerheiligste Dreifaltigkeit nennen.

Von dem Moment an, in dem der Seminarist oder Novize unter die Kandidaten für die zukünftigen Priester des Herrn aufgenommen wird, betritt er den Weg, einem Leib, einer „Ordnung" oder einem Stand, einer Gemeinschaft angegliedert zu werden. Wenn er dann einmal Priester ist, wird er Teil jenes „Spiegels" sein *(speculum visibile invisibilis Dei)*, den der Herr wollte. Ihr werdet euch sicher erinnern, dass wir dieses wunderschöne Thema des „sichtbaren Spiegels des unsichtbaren Gottes" schon behandelt haben, und ihr werdet euch deshalb auch erinnern, dass wir unterstrichen haben, wie die *Gemeinschaft der Apostel* eben „der Spiegel, der von der dreifaltigen Liebe eingerichtet und wirksam gemacht worden ist", sei. Wenn man also in ein Seminar oder Noviziat eintritt, um ein Teil dieses Lebens in besonderer Gemeinschaft zu bilden – eben die *apostolica vivendi forma* –, so wird man ein Teil des lebendigen und sichtbaren „Spiegels". Wenn man ein Foto von einer Gruppe von Priestern des Herrn Jesus aufnehmen würde, während sie miteinander vereint gehen, könnte man auf dieser Fotografie Gott selbst sehen, der vorübergeht. Oder vielmehr kann man richtigerweise sagen, dass, wenn jemand uns Priester zusammen vorübergehen sieht, er sich Gott selbst nähert und ihn vorübergehen sieht. Dies ist vollkommen offensichtlich und den

Leuten, die Glauben haben, ist dies auch gegenwärtig. Und es ist auch offensichtlich, dass die Leute es „wissen".

Nach und nach fügt sich derjenige, der in den „priesterlichen Stand" eintritt, immer tiefer in diesen „Leib" der apostolischen Gemeinschaft ein. Und es könnte gar nicht anders sein: Diese Einfügung vertieft sich und sie ist „für immer". Das ist die wahre „Ehre" des Priestertums: „für immer"! Man „liebt" wahrhaft und man „ist" wahrhaft nur, wenn es „für immer" so ist! Es geschieht heute genau so wie damals, als unser Herr die Zwölf um sich gerufen hat. Er löste und trennte sie aus ihren vorigen Bindungen ab, um mit ihnen und unter ihnen eine tiefe und persönliche Gemeinschaft des Lebens zu bilden. Welches ist das sichtbare Zeichen, das so Israel gegeben wird? Das hervorragende Zeichen schlechthin ist dieses: die Lebensgemeinschaft der Apostel mit dem Herrn.

10. Das Leben der Apostel

In dieser Hinsicht könnt ihr, wenn ihr die Lebensentwicklung eines jeden der Apostel betrachtet, etwas sehr Interessantes beobachten: Ihr könnt jeden einzelnen Apostel nach und nach nehmen, untersuchen und seinem Leben folgen:

a) Zum Beispiel der hl. Petrus. Es ist wirklich beeindruckend zu sehen, wie der hl. Petrus zum Herrn sagt: *Siehe, wir haben alles verlassen und sind dir nachgefolgt* (Lk 18,28; Mt 19,27; Mk 10,28). Und wie der Herr selbst dem Petrus antwortet, genauer gesagt, er antwortet „ihnen": *Siehe, ihr, die ihr alles zurückgelassen habt …* und dann macht der Herr selbst eine Liste mit all dem, was sie zurückgelassen haben, um Ihm zu folgen.

b) Wenn wir stattdessen das Leben eines anderen Apostels betrachten und ihm folgen, zum Beispiel dem hl. Paulus, so sehen wir, dass dieser in Lystra einem Jünger begegnet, der Timotheus heißt und schließlich sein größter Begleiter und Freund wird. Als der hl. Paulus Timotheus begegnet, sagt das Buch der Apostelgeschichte, das von einem anderen Begleiter des hl. Paulus, dem hl. Lukas, geschrieben wurde, dass der hl. Paulus *ihn als Begleiter wünschte* (Apg 16,3). Die Apostelgeschichte präsentiert Timotheus dann immer als Begleiter des hl. Paulus im Apostolat und als Bruder, der in besonderer Weise an seinen Gefühlen Anteil nimmt (vgl. Phil 2,20).

c) Wenn wir mit dieser Beobachtung und Untersuchung des Lebens der Apostel fortfahren, so zeigt sich uns, dass es in der Apostelgeschichte viele Seiten gibt, auf denen der hl. Evangelist Lukas das Wir gebraucht. Es soll anzeigen, dass *er* (der hl. Lukas) *und der hl. Paulus* zusammen an viele Orte gingen. In anderen Seitenfolgen hingegen verwendet der hl. Lukas das Wort *Er,* um anzudeuten, dass der hl. Paulus alleine an andere Orte ging, ohne dass er von ihm (dem hl. Lukas) begleitet wurde. Als Kollegen im Apostolat und als Freunde, die sie waren, waren sie manchmal zusammen und manchmal nicht. Dennoch erhellt der Kontext sehr gut die definitive Radikalität des „apostolischen" Auftrags.

d) So könnte man nützliche Beobachtungen über die *apostolica vivendi forma* in analoger Weise aus der Beobachtung des Lebens aller Apostel ziehen …

11. Der priesterliche Zölibat und die „apostolica vivendi forma"

In diesem Zusammenhang versteht man, dass der Zölibat nicht ein Zusatz oder ein funktionaler und pragmatischer Aspekt des Lebensplans darstellt, in den man eintreten will, wenn man einer priesterlichen Berufung folgt. Wenn man denken würde, das Priestertum sei eine Funktion und das Ziel sei jenes, möglichst viel Zeit und Möglichkeit zu haben, um die Sakramente zu spenden, könnte man den Zölibat als Zusatz verstehen. Als ziemlich „nützlich", um möglichst viel Zeit zur Verfügung zu haben „für die Aufgabe".

Doch so scheint es nicht zu sein und niemals gewesen zu sein. Es handelt sich stattdessen in erster Linie um eine völlige Gemeinschaft des

Lebens mit dem Herrn Jesus! *Er berief sie, damit sie mit Ihm seien und damit Er sie aussende, um zu predigen* (Mk 3,14). Die Apostel haben in der Tat alles verlassen (Lk 18,28 und parallele Texte), angefangen mit ihrer Familie. Im Evangelium wird tatsächlich von einer Schwiegermutter des hl. Petrus gesprochen (Mk 1,30 und parallele Texte). Was damit tatsächlich gesagt werden soll, ist Folgendes: Petrus hat eine Ehefrau gehabt, aber diese erscheint in Wahrheit nie im Evangelium oder in der Apostelgeschichte. Die Bibelwissenschaftler haben verschiedene Hypothesen dazu ausgearbeitet: Nach vielen Exegeten ist am wahrscheinlichsten, dass die Ehefrau des Petrus gestorben ist. Ein anderer, der sich auf Lk 18,28 bezieht, nimmt an, Petrus habe sich von ihr getrennt, um dem Herrn zu folgen. Mir persönlich würde es am plausibelsten erscheinen, und dies aus mehreren Gründen, dass die Ehefrau des Petrus schon gestorben war, als im Evangelium die Schwiegermutter in Erscheinung tritt (im Übrigen erwähnt der hl. Evangelist Markus die Schwiegermutter bezeichnenderweise nie, obwohl er viele Jahre lang Begleiter des hl. Petrus war). In der *apostolica vivendi forma* und deshalb auch in der Priesterberufung sehen wir uns wirklich einem totalen Radikalismus gegenüber: Der Weihekandidat tritt in etwas ein, das sein Leben ändert und ihn „für immer" führt. Gott kommt in besonderer Weise in seinem Leben an und ruft ihn zur Mitwirkung an Seinem höchsten, tiefsten und innersten Projekt. Deshalb ist dieser Ruf „für immer"! Mit Gott ist es „für immer"!

Der Zölibat ist also, um es noch besser zu sagen, eine innere Konsequenz, eine Notwendigkeit, die natürlicherweise eingeschrieben ist in diesen Lebensstand. Dieser Lebensstand ist begründet worden vom Herrn Jesus mit den Seinen, in dieser brüderlichen Gemeinschaft der Jünger mit Ihm und untereinander (mit Ihm und unter uns). In der Tat: Unser Herr Jesus Christus, Modell und Vorbild jedes Priesters, lebte zölibatär. Wenn einer fühlen würde, dass er berufen sei, ein Priester Jesu Christi zu sein, könnte und müsste er deshalb danach trachten, so zu leben, wie Er gelebt hat. Mir scheint dies eine sehr bezeichnende Motivation zu sein, sehr existenziell, gar nicht funktional und provisorisch und genügend evident. Wir suchen manchmal verschiedene Motive für den priesterlichen Zölibat, aber dennoch scheint dies **„der Grund aller Gründe"** zu sein: der evangelische Grund.

Wir sagen nicht, dass der evangelische Grund des Zölibats leicht sei. Aber nicht einmal der evangelische Grund für die Ehe ist leicht. Das Evangelium überliefert in der Tat die Worte des hl. Petrus, der sich auf die evangelische Bedingung der Ehe bezieht und dabei sagt, dass die Schwierigkeit der Ehe so groß ist, dass es auch für den, der die volle Berufung dazu habe, besser wäre, niemals zu heiraten.

Was die *Berufung* betrifft, so dürfte man nicht jene suchen, die „leicht" erscheint, sondern man müsste jene suchen, die „wirklich für mich" die Berufung Gottes darstellt, was für Schwierigkeiten sie auch immer mit sich bringen mag. In jeder Berufung gibt es je eigene Schwierigkeiten. Die Situation der jeweiligen Person in diesem Leben bringt tatsächlich eine Aufgabe und unabwendbare Schwierigkeiten mit sich. Diese Schwierigkeiten werden jedoch auch meist von Freuden begleitet. Diese fehlen nicht und sie sind oft sehr bezeichnend, als wollten sie uns das unmittelbare Bevorstehen des ewigen und seligen Lebens ankündigen und es gar vorwegnehmen. Wir sagen also nicht, die priesterliche Berufung sei leicht, vor allem nicht für schwache Personen, wie wir es sind: Könnte ich vielleicht sagen, dass ich keine Sünden hätte? Könnte ich vielleicht sagen, dass ich nicht meine Sünden beichten müsste, und könnt ihr sagen, dass ihr nicht in gleicher Weise Sünder seid?

Der hl. Petrus fasste diese Einsicht in die eigene Schwäche in die bekannten Worte, die er an den Herrn Jesus richtete: *Geh weg von mir, Herr, denn ich bin ein sündiger Mensch* (Lk 5,8). Wie viele ähnliche und ebenso wahre Ausdrücke finden wir in den Lebensgeschichten so vieler Heiliger Gottes! Doch der wesentliche und unverzichtbare Punkt für uns – was immer auch unsere Schwäche sei – ist der folgende: Wir müssen uns nach der Achse drehen, die objektiv die grundlegende Berufung unseres Lebens darstellt, um versuchen zu können, unsere Identität als Person zu verwirklichen.

12. „Nachfolge Christi": auf Ihn blicken, um zu versuchen, das Ziel zu erreichen

Trotz jeder möglichen Schwierigkeit müssen und können wir, wenn wir einmal unsere priesterliche Berufung entdeckt haben, „wenigstens versuchen", unserem Herrn Jesus Christus „zu folgen" (die berühmte *sequela Christi,* die Nachfolge Christi). Wir können also versuchen, „so" zu leben, wie Er gelebt hat, versuchen, mit Ihm zu leben und mit den „Seinen". So hat Er es uns immer wieder angezeigt, auch mit außergewöhnlichen Ausdrücken, mit viel Wohlwollen und Zuneigung.

Ich glaube wirklich, was dem Herrn vor allem gefällt, ist der Mut des Versuchs – viel mehr noch als der Ruhm des Gelingens. Das wird sehr klar im Leben und in den Widersprüchlichkeiten des hl. Petrus wie auch vieler anderer Heiliger. Gott verlässt nicht und schenkt Seine Vergebung und Seinen Lohn vor allem jenem, der sucht, der sich bemüht und der sich einsetzt. Vielleicht spüren wir, dass wir das Ziel nicht erreichen können, wenn wir es allein mit unseren Kräften zu erreichen versuchen. Doch das Ziel „erreichen" zu können – dies ist wirklich ein Geschenk, ein Geschenk des Herrn Jesus und Seines Heiligen Geistes. Von Ihm muss es mit Fröhlichkeit und Demut erbeten werden.

Dieses Geschenk des Zölibats ist überdies ein wertvolles Geschenk. Es schenkt uns nämlich die Möglichkeit, eine Form der Liebe zu verwirklichen, die auch zutiefst menschlich ist: die Mitbrüder im Priesteramt zu lieben, wie der Herr die „Seinen" liebte und wie die Apostel einander liebten. In dieser Sichtweise hat die „priesterliche Freundschaft" einen vollen und ganzen Sinn:

- einerseits kann man und muss man mit ganzem Herzen die Gläubigen lieben, denen man auf dem Weg des Lebens begegnet;
- doch andererseits muss man sagen, dass die Liebe, aus der die priesterliche Freundschaft aufgebaut ist, eine besonders substanzielle Liebe ist; sie ist begründet in einer ganz spezifischen Art und Weise: Es ist ganz genau dieselbe Liebe, die zwischen dem Herrn

Jesus und den „Seinen" bestand, es ist also die „menschliche Liebe", die der Herr Jesus selbst leben wollte.

In diesem Fall der Liebe zwischen dem Herrn Jesus und den „Seinen" und der daraus folgenden priesterlichen Freundschaft, welcher Jesus so außerordentliche und schöne Ausdrücke gewidmet hat, vor allem im Johannesevangelium, in diesem Fall sprechen wir nicht nur von einer ausschließlich übernatürlichen Liebe, sondern auch von einer ganz menschlichen Liebe. In Seinem Dienst stehend, trennte Jesus einige Menschen von ihren natürlichen Bindungen, um eine menschliche Gemeinschaft ganz neuer Art zu bilden. Diese Gemeinschaft sollte vereint sein durch Bindungen, die nicht weniger tief waren als jene, die sie verlassen hatten. Und all das, um ein sichtbares Zeugnis geben zu können für die Ehre Gottes, für die Liebe in Gott, die Liebe des Vaters und des Sohnes, die wir Heiliger Geist nennen. So sollte diese Gemeinschaft ein „sichtbarer Spiegel des unsichtbaren Gottes" sein.

Er, der Herr Jesus, tat dies. Deshalb macht der priesterliche Zölibat, wenn er in dieser Weise, in brüderlicher Gemeinschaft, gelebt wird, gerade die Lebensgemeinschaft zwischen Jesus und den „Seinen" sichtbar und gegenwärtig. Und deshalb ist der Zölibat der große „Sauerteig" und die „Hefe" für jene noch umfassendere Gemeinschaft: die Gemeinschaft der ganzen Kirche, besser: die gelebte Gemeinschaft der ganzen Kirche. – Die Kirche lebt ja wirklich aus der Gemeinschaft der Priester. Wenn es nicht den „priesterlichen Leib" gäbe, würde die Kirche nicht existieren. Die priesterliche Gemeinschaft ist der Punkt, auf den sich die ganze Kirche stützt, der Punkt, aus dem sie hervorquillt und aufgeht, von dem her sich die ganze Kirche ernährt. Dies ist genauso, wie Jesus Christus es geplant hat: Die Kirche lebt von dieser Gemeinschaft.

13. „Dalmanuta": das geheimnisvolle Ziel

Hier in Lateinamerika wurde ein kleines Büchlein über *Italienische Missionare in Mexiko* veröffentlicht, das ich zusammen mit einem alten italienischen Missionar geschrieben habe. Diese Missionare! Was für Missionare! Wie viele Missionare! Was haben sie alles getan, um den Glauben und die Hoffnung auf den auferstandenen Herrn auf diese Seite des Atlantischen Ozeans zu bringen! Was hat es sie nicht alles gekostet! Wie außergewöhnlich und wunderbar!

An den Beginn dieses Buches habe ich einen Abschnitt aus dem Markusevangelium gestellt. Es gab da eine Gegend, einen Landstrich, einen Ort, eine Niederlassung – an der anderen Seite des Sees von Galiläa –, die auf keiner alten Landkarte eingezeichnet war. Eine kleine Stadt oder ein Gebiet von geringer Bedeutung, das *Dalmanuta* genannt wurde. Dieser Name *Dalmanuta* erscheint nur ein Mal im Evangelium, nur im Markusevangelium. – Was war *Dalmanuta*? Dies wird nicht gesagt, und man weiß es auch nicht. Wegen dieser Unsicherheit bleibt es in einem gewissen Sinn sicherlich ein geheimnisvoller Ort.

Aus diesem „geheimnisvollen" Grund habe ich als einleitende Stelle für mein Buch über die *Italienischen Missionare in Mexiko* den Text des Markusevangeliums gesetzt, der den Namen *Dalmanuta* enthält: *Danach bestieg Er mit seinen Jüngern das Schiff und begab sich in die Gegend von Dalmanuta* (Mk 8,10). – Sie gingen also in Richtung *Dalmanuta*, was so viel sagen will wie: in Richtung eines „geheimnisvollen Ortes". Ein geheimnisvoller Ort, zu dem man sich mit dem Herrn Jesus zusammen einschifft.

Mir gefällt dieser Name, *Dalmanuta*. Er entspricht einem „geheimnisvollen Ort" wie ein Wort und eine Analogie, die das „geheimnisvolle Ziel" – und auch das faszinierende Ziel – jener andeutet, die mit dem Herrn Jesus auf dem Boot sind. Pater Luis (der Obere dieses Hauses, in dem wir uns nun für unseren Exerzitienkurs befinden) hat mich gebeten, eine Widmung für euch in ein Exemplar meines Buches *Italienische Missionare in Mexiko* zu schreiben. Dieses Buch möchte ich euch schenken. Ich habe euch folgende Worte als Widmung geschrieben: „Den lieben ‚Cruzados', mit denen ich zusammen in das Boot gestiegen bin, mit dem Herrn Jesus. Wir alle zusammen sind in Richtung Dalmanuta unterwegs."

Die italienischen Missionare, die seit vielen Jahrhunderten bis heute nach Mexiko gekommen sind, haben sich in der Tat geirrt. Sie dachten, sie würden nach Mexiko gehen, aber es ist nicht so gewesen … in Wirklichkeit gingen sie nach *Dalmanuta*. Sie sind in Wirklichkeit, an einem wichtigen Tag ihres Lebens, in ein großes Boot gestiegen, das sie nach … *Dalmanuta* gebracht hat. Wer die Einladung des Herrn annimmt, Priester zu werden, der akzeptiert, mit Ihm und mit den „Seinen" in das Boot zu steigen. Ich richte deshalb an euch heute die Einladung des Herrn Jesus: Steigt mit mir in das Boot, zusammen mit dem Herrn Jesus, und gehen wir auf die andere Seite des Sees, nach *Dalmanuta*.

14. Der priesterliche „Stand": eine Gemeinschaft

Wir haben in diesen Tagen gesehen, dass das fundamentale Element zur Verwirklichung des Ich die interpersonale Beziehung ist, die Intersubjektivität, die Vereinigung von Personen, von Seelen. Dadurch wird die innere Vereinsamung überwunden, ebenso der Egoismus und die Frustration dessen, der sehr einsam ist. Und wir wissen es von unseren Familien: Ein gewiss guter Weg zur Verwirklichung dieser Vereinigung der Seelen ist jener Weg, der sich in der Ehe eröffnet. Ein anderer, sehr schöner Weg – lasst es mich euch sagen: das vielleicht schönste Abenteuer, das es gibt – ist jener, den man in der brüderlichen und freundschaftlichen Gemeinschaft verwirklicht, die uns das Sakrament der Priesterweihe schenkt. Es ist der Weg, den das Sakrament der Priesterweihe begründet. Der Weg der Priesterweihe setzt Personen ein, erlegt ihnen manches auf und schafft viel Neues. Er verbindet die Personen, die in die brüderliche und freundschaftliche Gemeinschaft eintreten, um ein Teil davon zu werden.

So zeigt es mit voller Klarheit das Leben unseres Herrn Jesus selbst in Seinem radikalen Mitleben mit den „Seinen". So zeigt es auch das berühmte Beispiel des hl. Paulus und seiner Mitarbeiter im apostolischen Dienst (Timotheus, Silvanus, Titus, Lukas usw.). In diesem Vorgang der Vereinigung und Gemeinschaftsbildung, der sich im Sakrament der Priesterweihe ereignet, kann sich die Person gleichzeitig und vollständig in ihrer eigenen Menschlichkeit verwirklichen. Denkt beispielsweise an so viele Heilige, an so viele herrliche Gestalten … und was sie nicht alles getan haben! Und wie sie dadurch glücklich und erfüllt wurden, auch in den unabwendbaren Prüfungen! Heute wird gesagt, man müsse im Leben glücklich sein. Glücklich sein aber bedeutet und will sagen, dass es einem gelingt, die vollkommene „Fotografie" Gottes zu bilden! Wenn ein Mensch glücklich ist, bedeutet dies, dass die Fotografie – das Abbild – gut gelungen ist. Der glücklichste Tag meines Lebens war wirklich der, an welchem ich zum Priester geweiht worden bin. Ich bin fast „aus der Haut gefahren" – vor Freude und Fröhlichkeit darüber.

Wie ich euch bereits gestern demütig gesagt habe und es nun als bescheidenes Zeugnis wiederholen will: Seit damals und bis heute hatte ich nicht einmal die Versuchung, den priesterlichen Dienst aufzugeben. Der priesterliche Dienst erfüllt uns so sehr, dass das ganze Dasein nicht ausreicht, um das Priestertum zu verwirklichen, das Gott uns geschenkt hat. Keine Worte reichen aus, um für ein so großes und erlesenes Geschenk zu danken. – Dank sei Gott, was immer auch geschehen mag. Wir bleiben Priester auf ewig und, Dank sei Gott, wir werden als Priester sterben.

15. Die „Wahrnehmung" eines ganz erfüllenden und nicht mehr abweisbaren Lebensprojektes

Wenn also die beschriebene Gemeinschaft das Projekt des ganzen Lebens sein soll, welche Art von Wahrnehmung müsste dann einer besitzen, um zu wissen, ob er die Berufung dazu auch wirklich hat? – Einer besitzt diese Berufung, wenn er mit Freude und Anziehung ein ganz erfüllendes Lebensprojekt darin wahrnimmt. Diese Wahrnehmung kann ein fortschreitender Prozess der Annahme der eigenen Berufung im Laufe der Zeit sein, etwa während des Lebens im Seminar oder während des Noviziates. Einer bemerkt nach und nach, dass *dort* das volle Leben zu finden ist und dass dieses Leben ihm gefallen könnte. Ja sogar, dass er gar nicht weniger anstreben kann als dieses Leben. Es handelt sich um einen „Lebensstand", um eine Art von Liebe, von der du spürst, sie haben zu wollen und sie auch realisieren zu können.

16. Trugbilder und Wirklichkeit: „Sacerdos alter Christus"!

So weit, so gut. Nun möchte ich versuchen, von euch eine „Vogelscheuche" zu vertreiben, will sagen: ein Trugbild. Der „Geist des Versuchers" ist sehr geschickt darin, seine „Trugbilder" durchzuwinden, aber sie müssen erschreckt und ausgetrieben werden. Ich möchte versuchen, sie mit einem Beispiel zu vertreiben.

Nehmen wir einmal an, ein junger Mann wolle sich verheiraten. Dazu braucht er ein bereitwilliges „Mädchen", das seine Frau werden will. Doch das ist nicht immer einfach und ganz klar. Denn nachdem er ein Mädchen gefunden hat, kann es ihm passieren, dass ihm wieder eine andere gefällt. Der Schlüssel für eine Lösung findet sich nicht nur im Wort „Mädchen", sondern auch im Wort „eines". In dem Augenblick, in dem einer sich zur Heirat eines Mädchens entscheidet, bedeutet dies ja nicht, dass von diesem Augenblick an alle anderen hübschen Mädchen aufhören, um ihn herum zu sein. Vielmehr geht es darum, dass er ein Lebensprojekt mit dem Mädchen bilden muss, das er gewählt hat. Ein Projekt für das ganze Leben und nur mit ihr. Das bedeutet, dass er auf alle anderen Mädchen verzichten muss und damit auf alle anderen verbleibenden, möglichen Projekte des Lebens.

Manchmal stellt der Geist des Versuchers den Seminaristen oder den

Novizen gerade dieses Trugbild vor Augen: Wenn du hier eintrittst, in dieses Lebensprojekt, musst du auf viele, viele andere Dinge verzichten. Es ist wahr, dass man Verzicht leisten muss. Aber es ist auch wahr, dass, wer immer „irgendein" Lebensprojekt in Angriff nehmen will – selbstverständlich gilt dies auch für die Ehe –, gleichzeitig auf alle anderen Projekte eines alternativen Lebens auch verzichten muss. Wer immer sich in eine vollständige und bestimmte Identität einlassen und davon die Substanz fassen will, muss notwendigerweise auf den Rest verzichten: Die Illusion zu meinen, man könne gleichzeitig zu mehreren Lebensprojekten stehen, ist nichts als kindisch und pathetisch. Eine Bilokation des Lebens ist unmöglich, ebenso eine Trilokation oder eine Quattrolokation. Eine solche Illusion ist fatal: Es ist nicht möglich, gleichzeitig zwei Pferde zu reiten oder zwei Herren zu dienen.

Wenn jemand einen ernsthaften Schritt machen will, muss er die Erkenntnis und die Absicht haben, sich ausschließlich und unumkehrbar jener Aufgabe hinzugeben, die er gewählt hat.

- Hast du dieses Mädchen gewählt? Dann kannst du nicht mit deinem und mit ihrem Leben spielen: Du musst dich deshalb dieser Aufgabe, hingeben und zwar in ausschließlicher und unumkehrbarer Form. Das ist recht so.
- Hast du das Priestertum gewählt? Das ist recht. Du bist dein ganzes Leben lang mit dem Herrn Jesus verbunden, zusammen mit den Kollegen, die ihrerseits ihr ganzes Leben einbringen, um es mit Ihm und mit dir zu teilen. Du kannst nicht mit ihnen spielen. Man geht zusammen in die Schlacht, und man kann sich dann nicht allein und auf eigene Kosten wieder umwenden. Man kann nicht Hand an den Pflug legen und sich dann wieder für sich selbst zurückwenden.

Das Unverständnis für die Verbindung zwischen dem Priestertum und der Unumkehrbarkeit – also zwischen dem Priestertum und dem priesterlichen Zölibat – bedeutet, dass man die Bedeutung, die Tiefe und den Radikalismus der Aufgabe und des Kompromisses nicht verstanden hat, den man annehmen will. Somit bedeutet es vor allem, dass man nicht verstanden hat, was die Berufung zum Priestertum ist.

Wer den „Ruf" nicht versteht, scheint ihn auch nicht zu besitzen. In der Tat bedeutet dies nämlich, nicht verstanden zu haben, dass es sich um einen „Ruf" zu einer besonderen Art von Leben handelt; zu einer Art von Dasein, das seinerseits Zeugnis und Zeichen wird in der Gemeinschaft der anderen Jünger. Das Sakrament der Priesterweihe verpflichtet nach dem II. Vatikanischen Konzil die Priester, nicht nur das Volk Gottes aufzuerbauen durch den Dienst des Wortes und die Feier des Messopfers, sondern auch in einzigartiger und sakramentaler Weise die brüderliche Liebe darzustellen. Damit dienen sie in gleicher Weise als Ursache der Auferbauung des Reiches Gottes (vgl. *Presbyterorum Ordinis*, Nr. 8). Im amtlichen Priestertum verwirklicht sich eine ursprüngliche Teilhabe am Priestertum Christi, der das Haupt Seiner Kirche ist. Es handelt sich um eine Teilhabe an der Person Christi selbst *(„Sacerdos alter Christus")*, sodass der Priester wirklich den Herrn Jesus in der Gemeinschaft repräsentiert. Das ganze Leben des Priesters wird sein wie das Leben des Herrn gegenüber der Gemeinschaft. *Sacerdos alter Christus*, der Priester ist ein zweiter Christus.

Hier könnte man vielleicht schon sagen, wann einer die priesterliche Berufung *nicht* hat. Man könnte etwa zum Beispiel davon ausgehen, dass jene, die folgende und ähnliche Dinge sagen, keine Berufung zum Priestertum haben:

– „Ich nehme den Zölibat gerne an. Doch im Allgemein denke ich, man müsste dem, der Priester werden will, die Wahl erlauben, den Zölibat anzunehmen oder abzulehnen".

Wenn jemand dies sagt oder denkt, also wenn er fest von einer solchen Idee überzeugt ist, könnte man zu Recht davon ausgehen, dass er keine authentische Priesterberufung hat. Warum hat er sie nicht? Weil er offensichtlich nicht an ein „vollständiges und vorbildliches Lebensprojekt denkt", an einen „kompletten und radikalen Lebensstand", sondern er denkt ganz offensichtlich nur an eine „Aufgabe" oder an die Ausübung einer „Aufgabe".

- Wenn einer denkt, zur selben Zeit und völlig ohne Unterschied Priester *und* verheirateter Mann sein zu können, dann scheint er praktisch zu denken, dass „Priester sein" letztlich analog zu sehen sei mit „Arzt sein", „Ingenieur sein", „Elektriker sein"... oder mit irgendeinem anderen Beruf oder einer anderen Aufgabe, bei denen man zur selben Zeit „Funktionär" und verheiratet sein kann.
- Wenn einer hingegen denkt, das Priestertum sei ein „Lebensstand" (die Sakramente, die einen Lebensstand begründen, sind ja zwei: die *Ehe* und das *Priestertum*), dann wird die Ausübung der „priesterlichen Funktion" (zum Beispiel die Sakramente zu verwalten), so wichtig sie ist, zweitrangig im Vergleich zum „hauptsächlichen Punkt". Diesen haben wir ja so sehr unterstrichen: Der Priester soll den „Spiegel" der Gemeinschaft und der Vereinigung der Apostel mit dem Herrn Jesus bilden.

Wenn also einer wirklich das Priestertum als einen „Lebensstand" ansieht, dann kann man sagen, er hat substanziell und wirklich verstanden, was das Priesteramt ist. Wenn aber einer nicht verstanden hat, was das Priesteramt vom Grund her bedeutet, und weiterhin irrtümlich denkt, es sei vom Grund her eine Funktion, dann ist es besser, er lässt es sein und gibt auf: Schon dieser Irrtum in der Bewertung scheint ein ausreichendes Zeichen zu sein und ist es auch wirklich, um sagen zu können, dass einer keine wahre Berufung zum Priestertum hat. Wer also einen Satz wie jenen, den wir oben dargestellt haben, ausspricht, offenbart all dies. Denn er hat nicht verstanden, was das Priestertum ist – nämlich vor allem ein Projekt und ein Zeugnis des Lebens und der vollen und unumkehrbaren Liebe.

17. Ein persönliches Zeugnis: nicht anders sein können oder es sich nicht anders vorstellen können

Nun möchte ich die Betrachtung etwas erleichtern, indem ich etwas Persönliches erzähle. Als ich begann, eine Anziehung zum Priestertum zu empfinden, war ich in ein Mädchen meiner Stadt verliebt. Ich war damals 15 oder 16 Jahre alt. Sie war ein hübsches blondes Mädchen, und ich begleitete sie täglich zur Schule. Ich fühlte mich angezogen und zufrieden. Ich dachte, ich sei in sie verliebt. Tatsächlich war ich auch ein wenig in andere Mädchen verliebt – wie es den Heranwachsenden eben manchmal so geht. Doch glaube ich nicht, dass es sich um eine Neigung zur Polygamie handelte ... Ich glaube wirklich, dass meine Freundinnen mich schätzten und mochten. Meine Schulkameradinnen hatten mich sogar zum sympathischsten Jungen der ganzen Schule gewählt ... Es geht dabei ja immer um Spielchen von Heranwachsenden. Doch sie machten mich stolz und jedenfalls war ich zufrieden mit den Mädchen.

Auf der anderen Seite empfand ich eine wachsende und geheimnisvolle, aber doch wirkliche Anziehung zum Priestertum. Es begeisterte mich sehr und zog mich an. Eines Tages entschloss ich mich, mit einem Priester darüber zu sprechen. Diese Unterredung ist für mich bis heute unvergesslich geblieben. Dieser Priester musste einen anderen Priester treffen und bat mich, ihn zu begleiten. Als wir jedoch am Ziel ankamen, trafen wir niemanden. So setzten wir uns in der Nähe eines Brunnens nieder. Ich erinnere mich, dass ich diesen Brunnen dann immer als jenen Brunnen aus dem berühmten Evangelienstück von der Samariterin angesehen habe. So legte ich dem Priester die Situation dar, indem ich ihm sagte: „Sehen Sie, alles ist sehr einfach: Ich mag dieses Mädchen sehr gern, und zur selben Zeit spüre ich, Priester werden zu wollen. Es schiene mir also vernünftig, beide Dinge zu tun. Denn ich wäre ein guter Ehemann, wenn ich dieses Mädchen heiraten würde. Und zugleich wäre ich auch ein guter Priester."

Darauf gab mir dieser Priester eine Antwort, die sich meiner Meinung nach als sehr weise erwies. Er sagte zu mir: „Höre, Mario, tritt nicht aus dem Seminar aus! Die lateinische Kirche „weiht“ als Priester *nur* Männer, die nicht verheiratet sind. Punktum! Damit hast du nur *zwei* Möglichkeiten: entweder die eine oder die andere. Entweder wirst du Priester oder du heiratest. Es ist sinnlos, gleichzeitig mit beiden Möglichkeiten zu spielen, so als ob du sie miteinander kombinieren könntest. Denn diese Kombination existiert nicht.“ – Tatsächlich schien mir damals diese Unterredung sehr hart. Es war ein wirklich hartes Gespräch, aber es hatte den wohlriechenden Geruch der nackten Wahrheit und auch der Liebe. Denn diese Unterredung führte mich auf den rechten Weg des objektiven Realismus.

Nach dieser wichtigen Begegnung mit jenem Priester machte ich einige tragische Wochen durch. Ich kämpfte mit mir selbst mit den beiden Möglichkeiten. Nach vielen Überlegungen, vielen Gebeten und viel Leid kam ich schließlich zu einer ersten Schlussfolgerung: Ich muss mich entscheiden und in alternativer Weise zwischen den beiden Optionen wählen. Eine Sache zeigte sich mir deshalb klar nach dieser schmerzhaften Klärung: Ich konnte nicht beide Optionen gleichzeitig verfolgen. Außerdem war mir mittlerweile klar geworden, dass ich, wie immer meine Entscheidung fallen würde, auf jeden Fall sehr leiden würde. Es war wichtig, als ich zu mir selbst sagte: „Zuerst musst du dich entscheiden. Dann aber wird dir jede Entscheidung Schmerz bereiten. Also musst du der Tatsache ins Auge blicken, dass du einen großen Schmerz erfahren wirst. Also, welche der beiden Wahlmöglichkeiten?“

Ich habe viel nachgedacht. Ich ging in die Kirche, um zu beten, dann kehrte ich nach Hause, um das Evangelium zu lesen. Ich suchte auf dem Grund meiner selbst zu forschen. Schließlich bin ich an einen Punkt gelangt, der mir sehr geholfen hat. Ich habe zu mir gesagt: „Ich weiß, dass beide möglichen Optionen mir Schmerz bereiten werden. Aber es ist besser, zu verstehen suchen, welche der beiden Optionen ein *Etwas* ist, ohne das ich mich nicht selbst verstehen und vorstellen kann. Wenn ich zum Beispiel Priester werde, werde ich sehr leiden, weil ich es aufgeben muss, jenes Mädchen zu treffen, von dem ich sehr angezogen werde.

Und ich muss aufhören, mit ihr zu sprechen. Wenn ich mich dagegen mit ihr einlasse und die Idee des Priestertums verlasse ..." O nein – habe ich mir gesagt –, das niemals! In diesem Moment, in dem ich objektiv diese Hypothese aufstellte, habe ich gemerkt, dass ich mich nicht einmal so vorstellen oder sehen könnte. Mir ist also klar geworden, wenn auch schmerzvoll klar: Ich konnte nicht nicht Priester sein!

In diesem Moment also habe ich meine Berufung gesehen und entdeckt, wenn auch sehr schmerzhaft! Ohne die Möglichkeit des Priestertums hätte ich nicht leben und nicht einmal an meine Zukunft denken können. So bin ich dann auf einmal, wenn auch mit einer bemerkenswerten spirituellen Mühe, auf festem Boden gestanden. Ja meine Freunde, deshalb bin ich hier! Hier mit euch, unter euch und einer „von euch".

18. Die Entsprechung des Zölibats zu einem priesterlichen Leben

Kehren wir zum vorigen Thema zurück: Die Einsicht in die „Entsprechung" des Zölibats zu dem priesterlichen Leben ist nicht kosmetisch oder funktional. Wenn jemand die Angemessenheit des Zölibats für das Priestertum einsieht, muss er in Richtung des priesterlichen Lebens gehen. Nicht nur aus praktischen oder bloß äußerlichen Gründen. Der Grund ist vielmehr eine „theologische und evangelische Entsprechung und Angemessenheit", und zwar eine ganz spezifische und besondere: Der „Radikalismus der Gemeinschaft des Lebens" mit dem Herrn Jesus ist nämlich der „Spiegel" der Allerheiligsten Dreifaltigkeit.

Diese Einsicht der radikalen und unumkehrbaren Angemessenheit des Zölibats für das Priestertum ist die am meisten charakteristische und bestimmende Einsicht für einen, der zum Priestertum gerufen wird. Dazu will ich euch eine Analogie geben, die ich aus der Ehe entnehme. Ein junger Mann kann viele Mädchen kennen und mit ihnen Umgang pflegen. Aber wie ist es, wenn er wahrnimmt, dass er ein ganz bestimmtes von ihnen und kein anderes heiraten soll? Es handelt sich dabei in paralleler Hinsicht um dieselbe Situation, sofern der junge Mann und das Mädchen ein unumkehrbares und ganz erfüllendes Projekt des eigenen Lebens wahrnehmen. In diesem Fall kann man sagen, der Mann habe die Berufung für *dieses* Mädchen im Besonderen und nicht für die anderen. Wenn er also spürt, nicht mehr auf eine der möglichen Optionen verzichten zu können, weil er sich nicht mehr in anderer Weise und ohne diese Option verstehen kann, dann wird der junge Mann für die Wahl bereit sein. Doch er wird natürlich – mehr oder weniger schmerzhaft – auf die anderen Wahlmöglichkeiten verzichten müssen, in diesem Fall also auf die anderen Mädchen.

Hier nun würde ich eine konkrete Frage stellen: Können Ehen als „juridisch gültig" bestehen, bei denen die eheliche Berufung im Hinblick auf die Gefährtin oder umgekehrt den Gefährten fehlt? Zwei Personen sehen sich, treffen sich. Dann heiraten sie in freier Entscheidung aus Interesse, aus Gründen des Erbes, aus Übereinkunft zwischen den Familien, weil es angemessen ist. Die Ehe ist juridisch gültig. Doch es handelt sich nicht um eine Ehe „erster Güte", von der man sagen könnte, beide hätten die Berufung füreinander. Vor allem wird es nicht eine vorbildliche und ideale Ehe sein, also keine Bezugsgröße dafür, was und wie eine Ehe sein müsste.

Dasselbe kann in analoger Weise mit dem Priestertum geschehen. So gibt es wirklich Männer, die zu Priestern geweiht worden sind, ohne dazu wirklich eine Berufung zu haben. Auch in diesem Fall ist ihr Priestertum *gültig*, aber es ist nicht glücklich. Es ist nicht vollkommen und nicht evangelisch *vorbildlich*. Es ist nicht *ideal* oder gilt nicht als Maßstab für das, was ein Priester sein sollte. Ein so geweihter Priester vollzieht gültige Sakramente, aber er *verwirklicht* nicht das Bild des Priesters in angemessener Weise, in apostolischer und evangelischer Weise, wie wir es oben erwähnt haben.

Ich möchte dieser Frage des Zölibats noch tiefer und genauer nachgehen. Unsere Argumentation will keineswegs sagen oder nahelegen, jene, die sich sicher sind innerhalb eines globalen Lebensprojektes und die sagen, der Zölibat müsse notwendig mit dem Priestertum verbunden sein, könnten keine Sünden gegen die Keuschheit begehen. Wenn einer eine Berufung hat, weiß er, was er tun könnte und müsste. Doch auch wenn er irrt, auch mehr als einmal, bedeutet dies nicht, dass er deshalb die Berufung verliert. Er muss eventuelle Sünden bereuen und zu seiner priesterlichen Berufung zurückkehren. Die Berufung ändert sich nicht, so sehr einer auch fehlen kann. Genauso, wie es in analoger Weise bei der Ehe geschieht. Wenn ihr Priester sein werdet, kann es geschehen, dass zu euch in den Beichtstuhl Männer oder Frauen kommen, die ihre jeweiligen Ehepartner betrogen haben. Und ihr, was werdet ihr ihnen sagen? Ihr werdet das sagen, was die erbarmungsvolle Kirche uns zu sagen lehrt: „Versuchen Sie, Ihre eheliche Berufung wiederzugewinnen und zu erneuern." – Dasselbe geschieht analog mit dem Priestertum. Eine Sache also ist die Berufung; eine andere Sache, verbunden und doch unterschiedlich, ist die Treue zur Berufung.

Wenn du eine Berufung hast und sie erkannt hast, kann es sein, dass du ihr immer treu bist. Es kann aber auch sein, dass du ihr nicht immer treu bist. Es kann sein, dass du an einem Tag gut mit deiner Berufung zurechtkommst und an einem anderen Tag nicht. Doch das ändert die substanzielle Tatsache nicht, dass *du eine Berufung hast.* (Die Frage der Treue zur Berufung ist ein Thema, das zwar mit der Frage der Berufung verbunden ist, parallel dazu liegt, aber eben doch auf einer verschiedenen Ebene. Deshalb untersuchen wir es an anderer Stelle.) Für jetzt versuchen wir zu verstehen, wie man erkennen kann, ob jemand eine Priesterberufung hat.

19. Verheirateter Klerus oder zölibatärer Klerus (Bischof Alfred Ancel)?

Ich möchte hier einen delikaten Einschub machen. Es gibt ja Fälle von Priesterweihen verheirateter Männer nach orientalischen Riten. Ich lebe seit 19 Jahren in einem Haus mit maronitischen Ordensschwestern. Unter den orientalischen Maroniten gibt es noch verheiratete Priester. Es gibt auch orientalische Riten, welche die Tatsache verheirateter Priester einschränken möchten (vgl. Alfred Ancel, PRADO, *Le Célibat Sacerdotal,* in: „La Documentation Catholique", April 1967, 727–750ff.).

Diese Fälle von verheirateten Priestern erscheinen praktisch gesehen als eine oft sehr schwierige Situation. Aber die delikateste Sache betrifft nicht den praktischen Aspekt, auch wenn uns die Schwierigkeiten genau daran denken lassen. Ich habe zum Beispiel einigen Schwestern des Hauses zugehört, in dem ich lebe. Sie sind Töchter verheirateter Priester. Sie bestätigen das, was zur Zeit des Konzils Seine Exzellenz Bischof Ancel, der Gründer des PRADO, sagte und schrieb: Nach und nach haben sich im Inneren gewisser Diözesen zwei Typen von Klerus herausgebildet, der verheiratete Klerus und der nicht verheiratete oder zölibatäre Klerus. Der verheiratete Klerus ist ein Klerus, der nicht sehr beweglich ist und deshalb auch nicht besonders brauchbar in den Diözesen. Und das aus verschiedenen praktischen Gründen. Die Leute gehen nicht gerne oder gehen überhaupt nicht zu verheirateten Priestern beichten. Vielleicht weil sie fürchten, der Priester könnte darüber mit seiner Frau sprechen. (Dieser Missstand und andere ähnliche haben sich kürzlich in England wiederholt und nach der Zulassung einer bedeutenden Zahl von verheirateten anglikanischen Pastoren zur katholischen Kirche gezeigt.)

Des Weiteren gibt es eine Besonderheit, die schlussendlich den verheirateten Priestern große Nachteile bringt. Ein verheirateter Priester, der Kinder hat und der sie versorgen muss, lässt sich zum Beispiel in einer Stadt nieder. Also gibt es kein geringes ökonomisches Problem zu Lasten der Pfarrei, die für ihn und seine Frau aufkommen muss. Es ist nicht leicht, verheiratete Priester von einer Pfarrei zu einer anderen oder zu einer ganz anderen Aufgabe zu versetzen. Denn wenn man einen verheirateten Priester mit Kindern versetzen wollte und die Familie Wohnung und Ort wechseln müsste, gäbe es Probleme mit der Schule der Kinder usw. Und so gibt es verschiedene praktische Aspekte, welche die Situation ziemlich kompliziert machen. So sprechen also praktische Gründe für das Zölibat, die aber zugleich zu einem Verständnis des Priestertums als Lebensstand gehören. In der Praxis schließlich kann der Bischof nur auf die zölibatären Priester leicht und sicher bauen. Sie können nämlich mit größerer Bereitschaft und mit weniger Hindernissen ihren Dienst versehen und mögliche Versetzungen und Änderungen von Aufgaben auf sich nehmen. Deswegen haben diese zölibatären Priester schlussendlich auch die wichtigeren Aufgaben. So ist es möglich, dass sich Konflikte und Konfrontationen zwischen den verheirateten und den zölibatären Priestern ergeben. Ein weiterer Grund können die Ehefrauen der verheirateten Priester sein, die sich nicht immer diskret zurückhalten, sondern die ihre Ehemänner manchmal zur Revanche drängen. Die Folge ist eine Entzweiung der beiden Arten von Klerus.

Andererseits zeigt sich als ein sehr trauriger Aspekt bei uns Lateinern, wenn ein zölibatärer Priester einen Abfall vom Zölibat begeht (mit einer Frau … oder auf eine andere Weise, die nicht in Ordnung ist). Eine solche traurige Situation wird aber vielleicht noch problematischer im Fall der verheirateten Priester. Nicht nur durch die schmerzliche Möglichkeit, dass er die Treue zu seiner Frau verletzt …, noch schlimmer die Möglichkeit, wenn es zufällig die Frau wäre, welche die Treue zu ihm verletzt. (Im lateinischen Ritus sind wir solchen Möglichkeiten nicht ausgesetzt, und deshalb können wir uns nicht leicht deren Bedeutung vorstellen.) Sehr traurig ist dann der Fall, wenn die Kinder eines verheirateten Priesters nicht mehr in die Kirche gehen und nicht mehr glauben. Die Pfarrei müsste zum Beispiel die Kosten für deren Studien übernehmen, während sie nicht einmal mehr mitarbeiten oder ein schlechtes Beispiel unter den Gläubigen geben.

Abschließend betrachtet stehen wir vom Praktischen her einer Reihe von delikaten Situationen gegenüber. Auch wenn man also nur den praktischen Aspekt sehen wollte, kann man sich nicht leicht vorstellen, den Raum für verheiratete Priester für uns in der lateinischen Kirche ausweiten zu können. Allerdings ist der hauptsächliche Gesichtspunkt nicht dieser praktische, sondern jener des wahren Zeichens der „radikalen Gemeinschaft der Apostel mit dem Herrn Jesus". Die verheirateten Priester spenden sicher gültige Sakramente, aber verwirklichen sie auch völlig das evangeliumsgemäße Bild des Priesters? Die orientalische Tradition selbst scheint einige sichere und bezeichnende Indizien zu bieten, die dagegen sprechen.

Der orientalische Brauch, auch verheiratete Priester zuzulassen, scheint gemäß Bischof Ancel durch die früheren Invasionen der Muslime gefördert worden zu sein. Die Muslime wollten nämlich die Kirche schwächen oder vernichten. So dachten sie sich, ihr Ziel leichter zu erreichen, indem sie die zölibatären Priester verfolgen oder manchmal auch töten würden. Das also scheint die sehr bezeichnende Meinung der Muslime über verheiratete und zölibatäre Priester gewesen zu sein: Um die Kirche zu schwächen oder zu vernichten, müsse man den zölibatären Klerus bekämpfen. Denn dieser erschien in ihren Augen als der „starke Schutzwall" der Kirche. (Für all das, was dieses Thema betrifft, möge man den zitierten Artikel von Bischof Alfred Ancel konsultieren; es handelt sich dabei um die Niederschrift eines seiner Vorträge zu diesem Thema für die Bischöfe Brasiliens und Lateinamerikas während des II. Vatikanischen Konzils.) Während der Zeit dieser früheren Verfolgung durch die Muslime habe die Kirche es vorgezogen, so Bischof Ancel, dass wenigstens die Spendung der Sakramente in einer so schwierigen und delikaten Lage sichergestellt sei. Doch nun, da die Zeiten andere sind, hätten verschiedene orientalische Diözesen den Wunsch, wieder zum evangeliumsgemäßen Bild der „radikalen Gemeinschaft der Jünger mit dem Herrn" zurückzukehren. Bischof Ancel bietet dazu auch einige Beispiele.

20. Eine Analogie zwischen den beiden Sakramenten des „Lebensstandes": Ehe und Priestertum

Um ein Beispiel zu geben, möchte ich noch einmal eine Analogie aus der Ehe nehmen. Man liest manchmal in den Lebensgeschichten einiger altehrwürdiger Heiliger, dass sich zwei Eheleute verheiratet haben mit dem Gelöbnis vollkommener Keuschheit und Abstinenz (nach einigen Kommentaren handelt es sich vielleicht nur um eine literarische Figur).

Denken wir uns nun zwei Eheleute, die ein Gelöbnis der Keuschheit und der völligen Enthaltsamkeit machen (dass sie also nicht die Ehe vollziehen), und zwei Eheleuten, die dies nicht machen. Ich würde mich nun fragen: Welche der beiden Paare erfüllt und vollzieht besser das sakramentale Zeichen der Ehe? Mir scheint, die Antwort darauf ist: Jenes Paar, das nicht das Gelübde der Keuschheit und der völligen Enthaltsamkeit macht, sondern die Ehe natürlich vollzieht.

Auch wenn es Fälle solcher Gelübde gäbe – das sakramentale Zeichen der Ehe erscheint vollkommener in jenem Fall, in dem man die Ehe natürlich erfüllt und vollzieht in ihrer Fülle. Im Fall des Priestertums scheint analog betrachtet etwas Ähnliches zu geschehen. Sowohl ein zölibatärer wie ein verheirateter Priester spendet wirklich gültige Sakramente. Doch welcher von den beiden verwirklicht vollkommener das sakramentale Zeichen des Priestertums als „radikales Zeichen der Gemeinschaft Christi mit den Seinen"? – Die Antwort scheint vom Gesichtspunkt des Evangeliums her, der sicher nicht ein zweitrangiger Gesichtspunkt ist, implizit und ohne Schwierigkeiten gegeben werden zu können.

21. Drei wichtige und aus der Geschichte stammende Aspekte bei den Orientalen

Hinsichtlich der Wichtigkeit des evangeliumsgemäßen Bildes könnte man bezeichnende Indizien betrachten, die von den Orientalen kommen.

a) Die Orientalen nämlich, obwohl sie wie angedeutet im Laufe der Jahrhunderte verheiratete Priester zugelassen haben, haben nie, auch nicht in einem einzigen Fall, einen verheirateten Priester als Bischof zugelassen. Man könnte sich deshalb fragen: Warum ließen es die Orientalen, die auch verheiratete Priester hatten, nie zu, dass einer dieser verheirateten Priester zum Bischof erwählt worden wäre? Dies geschah nicht, so würdig und verdienstvoll einzelne Priester auch gewesen sein mögen. – Die Antwort auf diese Frage scheint in der Tatsache zu liegen, dass der *Bischofsstand* die Fülle des Priestertums repräsentiert, also die wahre Fülle des wahren Zeichens der „radikalen Gemeinschaft Christi mit den Seinen".

Über dieses erste, wichtige Indiz hinaus gibt es bei den Orientalen zwei weitere, bezeichnenderweise konvergente Indizien zu diesem Punkt, und zwar die folgenden:

b) Zur Priesterweihe – für die bezeichneten Fälle der verheirateten Priester – werden nur Männer zugelassen, die schon verheiratet sind. Für schon geweihte Priester lässt man die Möglichkeit zu heiraten hingegen niemals zu. Die Priesterweihe scheint also schon für sich als Hindernis für die Ehe betrachtet zu werden.

c) Wenn ein verheirateter Priester Witwer wird, ist es ihm nicht erlaubt, wieder zu heiraten, auch wenn er mehrere minderjährige Kinder haben sollte. Wer also zum Priester geweiht ist, kann nicht neuerlich eine Ehe schließen, auch wenn er schon verheirateter Priester war und Kinder hat.

22. Der priesterliche Zölibat und der Wille der Kirche

Um nun die Frage des priesterlichen Zölibats im Bezug zur Frage der Priesterberufung kurz zusammenzufassen: Die katholische Kirche hat mit der Weltbischofssynode von 1990, die wiederaufnahm und bestärkte, was in der Weltbischofssynode von 1971 beschlossen worden war, folgende formale und explizite Erklärung gemacht (*Pastores dabo vobis,* Nr. 29): „Die Synode will bei niemandem den geringsten Zweifel an der festen Entschlossenheit der Kirche aufkommen lassen, an dem Gesetz festzuhalten, das den zur Priesterweihe nach dem lateinischen Ritus ausersehenen Kandidaten den frei gewählten, ständigen Zölibat auferlegt.

Die Synode drängt darauf, dass der Zölibat in seinem vollen biblischen, theologischen und spirituellen Reichtum dargestellt und erläutert wird." Dies ist genau das, was wir mit diesen kurzen Betrachtungen zu tun versuchen.

23. Der Zölibat: nur kirchliches Gesetz oder Kriterium der Wahrnehmung und Klärung einer Berufung?

Kehren wir nun zu einer typischen Frage hinsichtlich der Klärung einer Priesterberufung zurück. Diese Frage hatten wir bereits vorher gestellt: Kann ein Kandidat nach innerer Überlegung dazu kommen, Folgendes zu sagen: „Ich persönlich akzeptiere den Zölibat. Aber man sollte allgemein Freiheit lassen zur Entscheidung, ob jemand verheiratet oder unverheiratet Priester werden möchte"? Kann man dann noch sagen, dieser Kandidat habe eine Berufung zum Priestertum? – Wenn einer so denkt, scheint er zu meinen, die von der Kirche gewollte Pflicht des priesterlichen Zölibats stelle nichts anderes als ein „kirchliches Gesetz" dar. (Natürlich werden die Anweisungen des Evangeliums juridisch auf den Begriff gebracht und so auch zu kirchlichen Gesetzen. Es muss aber gut unterschieden werden zwischen Gesetzen, die nur und ausschließlich kirchlich sind, und Gesetzen, die eine juridische Umsetzung von Anweisungen des Evangeliums sind.) Der betreffende Kandidat scheint also zu denken, der priesterliche Zölibat sei ein rein kirchliches Gesetz. Er begreift aber nicht, dass es sich um eine juridische Übersetzung der Logik des Evangeliums handelt. Diese Logik ist der religiösen Erfahrung der Apostel des Herrn Jesus und ihres vollständigen und radikalen Zeugnisses des Lebens und der Gemeinschaft mit Ihm zutiefst innerlich. Jener Kandidat scheint sich also nicht bewusst zu sein, dass die von der Kirche gewollte Pflicht zum priesterlichen Zölibat nur die juridische Übersetzung der Notwendigkeit des Evangeliums darstellt, die darin besteht, mit dem Herrn Jesus und wie Er zu leben. Jesus Christus ist Modell und Vorbild jedes Priesters.

Wie würde nun ein Kandidat, der den priesterlichen Zölibat nur für ein kirchliches Gesetz hält, zur Ehe stehen, etwa im Fall einer affektiven Krise des Betreffenden nach seiner Priesterweihe? Nehmen wir einmal an, jener Kandidat ist tatsächlich zum Priestertum gelangt. In seinem priesterlichen Leben tritt eine affektive Krise ein, etwa wegen einer ganz konkreten Frau. (So eine affektive Krise könnte eine ganz normale Eventualität im Leben eines Priesters sein.) Wie könnte der Kandidat in dem beschriebenen Fall die Anziehung durch eine romantische Zuneigung zurückweisen? Auf der Grundlage seiner Idee könnte er zu sich sagen: „Nein, nein. Die Pflicht zum priesterlichen Zölibat, die mich nun daran hindert, meinen romantischen Traum zu verwirklichen, ist nur ein dummes Kirchengesetz. Warum ändern wir es nicht?“

Wenn er die Verpflichtung zum priesterlichen Zölibat nur für ein dummes Kirchengesetz hält, wird er keine Hoffnung mehr haben können, siegreich aus seiner affektiven Krise herauszukommen. Tatsächlich und ehrlicherweise kann keiner von einem Mann fordern, sich mit einem *Kanon des Kirchengesetzes* zu verheiraten. Und erst recht nicht, dass er dies tut, nur um eine *Funktion*, sei es auch eine *wichtige Funktion*, auszuüben. Andererseits hat es auch schon andere Fälle von sehr schweren Krisen bei Priestern gegeben. Sie haben alles aufgegeben. Doch in manchen Fällen war auf dem Seelengrund des Priesters, der sich in einer schweren Krise befand, dennoch ein korrektes Bild vom Priestertum sowie von der evangelischen Radikalität von der Bedeutung seiner Sendung. In diesen Fällen ist die Sehnsucht nach dem Priestertum immer unbesiegbar im Herzen des Priesters geblieben. So wird der verletzte Priester nach und nach sogar dazu fähig, die authentische priesterliche Identität wiederzuerlangen. Was für bewegende Worte kann man in solchen Fällen hören: „Aber glauben Sie mir, Vater, ich habe nie meine Berufung verloren … Ich würde gerne zurückkehren, aber ich weiß nicht, ob ich kann.“

24. Sacerdos enim alter Christus

Fassen wir also endlich zusammen. – Um zu wissen, ob einer eine Priesterberufung hat, scheint ein grundlegendes Element und Kriterium das folgende zu sein: Die „unabweisbare" Einsicht in die Art von Liebe – nämlich die apostolische Gemeinschaft in ihrer Radikalität –, die er im Priestertum leben soll. So wird er sichtbares Abbild des unsichtbaren Gottes sowie Zeichen und Sauerteig für die Kirche und für die Welt: *Sacerdos enim alter Christus.*

Dazu kommt ein interessantes und keineswegs nebensächliches Detail. Wenn einer tatsächlich dies einsieht, kann man schon sagen, dass er schon weit fortgeschritten ist in der Klärung und vollen Wahrnehmung der eigenen Priesterberufung. Er nimmt nämlich korrekt wahr, dass es um das ganze Leben geht, und das gefällt ihm. Mehr noch: Er kann sich selbst nicht mehr auf eine andere Art sehen. Ihm wird die radikale Idee der „apostolischen Gemeinschaft", die sich schon gebildet hat, nicht mehr auswechselbar sein. Dieser Aspekt des Radikalismus der „apostolischen Gemeinschaft" ist das, was er konkret im Priestertum wird leben müssen: Deshalb wird dieser Aspekt für ihn eines der Zeichen sein, die er nach außen zeigen muss. Dies fängt damit an, glaubwürdig als Seminarist oder Novize zu leben, um so der eigenen Berufung Glaubwürdigkeit und Vertrauen zu geben. Wenn einer als Priester diese totale Gemeinschaft mit dem Herrn Jesus und den „Seinen" wird leben müssen – weil sie das *Zeichen* für Israel und für die Welt sowie das sichtbare Abbild der Allerheiligsten Dreifaltigkeit ist –, so muss er offensichtlich beginnen, diese Gemeinschaft zu leben, sobald er mit der Vorbereitung auf das Priestertum beginnt. Schon als Seminarist oder als Novize wird er diese tiefe Beziehung der Gemeinschaft leben müssen mit den Mitbrüdern, den Seminaristen oder Novizen. Er wird gute Freundschaften haben müssen. Er wird in guter Weise mit ihnen zusammenleben und froh über diese Gemeinschaft sein müssen. Er wird auch in der Lage sein müssen, die Gemeinschaft für die Zukunft aufzubauen. Er wird also wissen müssen, dass er „mit ihnen und dem Herrn Jesus“ jenes Schiff besteigt, das sie auf die andere Seite des Sees bringt, an das andere Ufer nach … *Dalmanuta.*

25. Der Priester: Mann des Evangeliums und Kleriker

Um dieses Thema der priesterlichen Berufung zu beenden, würde ich abschließend gerne zwei Gedanken hinzufügen:

a) Der Priester ist derjenige, der durch seine eigene Natur und kraft seiner Pflicht den einzigen wahren Glauben und die Zugehörigkeit zur rechten Gemeinschaft der Kirche fördert, bewahrt und verteidigt. In diesem Kontext fördert er auch die brüderliche Liebe im Inneren der Gemeinschaft. Deshalb muss er *Mann des Glaubens und Mann des Gehorsams* innerhalb der Kirche sein. Man erwartet von ihm, ein Förderer des wahren Glaubens und der Einheit im Gefüge der Kirche zu sein. Dieser Aspekt darf nicht als zweitrangig in der Bewertung einer Priesterberufung angesehen werden. Denn für die Kirche sind die Fähigkeit und der Wille ihrer Priester, den wahren Glauben und die Gemeinschaft mit dem Papst und den Bischöfen und damit die Einheit der ganzen Kirche voranzubringen, höchst wichtig und unersetzbar.

b) Wenn ein Kandidat für das Priestertum sich als „klerikal“ entpuppte, dürfte er nicht zur Priesterweihe zugelassen werden. (Ich muss an dieser Stelle sagen, dass ich persönlich gegen den Klerikalismus eingestellt bin. In meinem Herkunftsland gibt es tatsächlich eine natürliche Allergie gegen den Klerikalismus. Man ist dort manchmal sogar so sehr gegen den Klerikalismus, dass es bis zum ebenso abzulehnenden „Antiklerikalismus“ kommt.) – Wann aber könnte einer als übertrieben „klerikal“ erscheinen?

Ein Priester könnte als übertrieben klerikal erscheinen, wenn er dazu tendiert, sich in Dinge einzumischen, die nicht seiner Aufgabe, seinem Charisma und seiner priesterlichen Berufung entsprechen. Wenn er also tendenziell seine priesterliche Aufgabe dazu verwendet, um in anderen

Gebieten Einfluss zu nehmen oder Bereiche zu manipulieren, die autonom sind und nichts mit dem Priester zu tun haben. An sich könnte der Klerikalismus sowohl die „hohen Sphären" des Klerus wie auch die einfachen Priester betreffen. Wenn sich ein Bischof zum Beispiel anschicken würde, als Politiker tätig zu werden oder als Gewerkschaftsfunktionär oder als Staatsmann oder als Diktator, oder wenn er soziale Kämpfe befördern würde, so könnte er ganz zu Recht als übertrieben „klerikal" angesehen werden (analog dazu ebenso, wenn er irgendeine andere „laikale" Aufgabe übernehmen würde: eine Aufgabe also, die wirklich nur Laien zusteht, wie Bankier, General, Händler usw.).

Warum sollte ein Priester nicht als Politiker, Sozialreformer, Bankier, General oder als sonst etwas tätig sein? – Weil im Inneren der Kirche, worauf der hl. Apostel Paulus sehr gut hinweist und wie es auch das II. Vatikanische Konzil ausdrücklich erklärt, verschiedene Charismen, verschiedene Aufgaben und Berufungen existieren: einerseits für die Laien, die also dem Charisma der Laien eigentümlich sind, und andererseits für die Priester, die also dem Charisma der Priester eigentümlich sind. (Als dazu gegensätzlichen Parallelismus könnte man in gleicher Weise anzeigen, dass Laien nicht akzeptiert werden können, die in ungehöriger Weise sich am Altar zu schaffen machen, wenn ein Priester die hl. Messe liest. Mir scheint es nicht richtig zu sein, wenn ein Laie sich ungehörig einmischen möchte: etwa um in der hl. Messe die Homilie zu halten. Die Aufgaben des Priesters übernehmen zu wollen, gebührt dem Laien nicht. Ich beobachte von diesem Gesichtspunkt her, dass im Allgemeinen die Priester ihren Bereich der Kompetenz ganz richtig zu bewahren und zu verteidigen suchen.)

Also: Wir Priester dürfen uns nicht in jene Bereiche einmischen, die der Autonomie und der Kompetenz der Laien angehören, indem wir durch einen zerstörerischen und klerikalen Paternalismus lästig werden. Es kommt wirklich den Laien die Förderung der „zeitlichen Wirklichkeiten" zu, also die Aktivitäten in den politischen und sozialen Bereichen. Selbstverständlich den gut gebildeten christlichen Laien. Uns Priestern kommt es vielleicht zu, den Laien zu helfen, gut vorbereitete Christen zu sein, die Soziallehre der Kirche zu kennen, in ihrer eigenen Kompetenz hinsichtlich der „zeitlichen Wirklichkeiten" ausgebildet zu sein. Ja, das kommt uns zu. Doch wir dürfen und können nicht mit ihnen direkt Politik machen, auch nicht auf verborgene oder verschwiegene Weise.

Für eine gute Klärung der Priesterberufung ist es deshalb notwendig, dass der Kandidat diese Unterschiede kennt und sie richtig zu bewerten weiß. Es muss ihm völlig klar sein, nicht berufen zu sein, das Leben eines „politischen Führers" zu leben. Damit soll die eigentümliche Aufgabe des Politikers keineswegs herabgesetzt werden. Es muss Laien geben, die sich politisch engagieren. Es muss dazu gute und auch heilige Menschen geben (der hl. Thomas Morus ist zum Beispiel solch ein Mensch gewesen). Diese sollen ihre eigene Aufgabe und ihr eigenes Charisma des engagierten Laien ausüben, auch das einer politischen Leitfigur. Doch uns Priestern kommt dies in keiner Weise zu.

Andererseits gefällt es mir immer, das Beispiel des Lebens heranzuziehen, so wie es in unseren Familien und in unseren Pfarreien gelebt wird. Jeder von euch kennt seinen eigenen Vater und seinen eigenen Pfarrer. Und jeder von euch kann die beiden ganz einfach unterscheiden und sich dabei die Frage stellen:

- Warum muss sich mein Vater in die Aufgaben und in den Bereich des Pfarrers einmischen?
- Warum muss sich der Pfarrer in die Aufgaben und in den Bereich meines Vaters einmischen?

Jeder muss sich um seine eigenen Aufgaben, sein eigenes Charisma und seinen eigenen Bereich kümmern. – Wir Priester folgen den Worten des Herrn Jesus und geben gerne *dem Kaiser das, was des Kaisers ist, und Gott das, was Gottes ist.* Wir selbst aber sind ganz friedlich und frohen Mutes *auf das Boot mit ihm gestiegen, und wir fahren zum anderen Teil des Sees, zu einem Ort, der Dalmanuta heißt.*

Ansprache von Papst Benedikt XVI. bei der Vesper in St. Pantaleon während des 20. Weltjugendtags in Köln am 19. August 2005

Liebe Mitbrüder im Bischofs- und Priesteramt, liebe Seminaristen!

Ich begrüße Euch alle sehr herzlich und danke Euch für Euren freudigen Empfang und vor allem dafür, dass Ihr zu diesem Treffen aus zahlreichen Ländern der fünf Kontinente gekommen seid, sodass wir hier wirklich ein Spiegelbild der weltweiten katholischen Kirche sind. Ich danke vor allem dem Seminaristen, dem Priester und dem Bischof, die uns ihr persönliches Zeugnis geschenkt haben, und ich muss sagen, es ist mir zu Herzen gegangen, diese Wege zu sehen, auf denen der Herr Menschen unerwartet und gegen ihr eigenes Vorhaben zum Priestertum geführt hat. Ganz herzlichen Dank! Ich freue mich über diese Begegnung.

Ich wollte – das ist ja auch gesagt worden –, dass in das Programm dieser Kölner Tage ein spezielles Treffen mit den jungen Seminaristen eingeplant werde, damit die Dimension der Berufung, die in den Weltjugendtagen eine immer größere Rolle spielt, auch wirklich hier in ihrer ganzen Bedeutung sichtbar wird. Der Regen von oben zeigt uns doch auch Segen an, denke ich. Ihr seid Seminaristen, das heißt junge Männer, die sich im Hinblick auf eine wichtige Aufgabe in der Kirche in einer intensiven Zeit der Suche nach persönlicher Beziehung zu Christus, nach der Begegnung mit ihm befinden. Denn das ist das Seminar: weniger ein Ort als ein bedeutsamer Abschnitt im Leben eines Jüngers Jesu. Ich stelle mir vor, welche Resonanz die Worte des Themas dieses XX. Weltjugendtags – „Wir sind gekommen, um ihn anzubeten" – und die ganze bewegende Geschichte von diesen suchenden Weisen und von ihrem Finden in Euren Herzen auslöst. Jeder auf seine Weise – denken wir an die drei Zeugnisse, die wir gehört haben – ist so einer, der einen Stern sieht, der sich auf den Weg macht, der auch Dunkel erleben muss und der mit den Führungen Gottes dann an das Ziel kommen kann.

Dieser Evangelien-Abschnitt über das Suchen und Finden der Weisen hat eine einzigartige Bedeutung gerade für Euch, liebe Seminaristen, weil Ihr ja im Begriff seid, den Weg der Unterscheidung – es ist ein wirklicher Weg – und der Prüfung der Berufung zum Priestertum zu vollenden. Darüber möchte ich noch ein paar Gedanken vorlegen.

Warum gingen die Sterndeuter aus fernen Ländern nach Betlehem? Die Antwort ist mit dem Geheimnis der „Sterns" verbunden, den sie „aufgehen" sahen und den sie als den Stern des „Königs der Juden" identifizierten, das heißt als Zeichen der Geburt des Messias (vgl. Mt 2,2). Ihre Reise war also durch eine Kraft der Hoffnung ausgelöst, die nun im Stern ihre Bestätigung und Wegweisung erhielt – hin zum „König der Juden", zum Königtum Gottes selbst. Denn das ist der Sinn unseres Weges, dem Königtum Gottes in der Welt zu dienen. Die Sterndeuter brachen auf, weil sie ein tiefes Sehnen in sich verspürten, das sie drängte, alles zu verlassen und sich auf den Weg zu machen. Es war, als hätten sie diesen Stern schon immer erwartet, als sei diese Reise schon von Ewigkeit her in ihr Schicksal eingeschrieben gewesen und käme jetzt endlich zur Verwirklichung.

Liebe Freunde, das ist das Geheimnis des Rufes, der Berufung – ein Geheimnis, welches das Leben jedes Christen angeht, das aber bei denen deutlicher hervortritt, die Christus einlädt, alles zu verlassen, um ihm in engerer Verbindung nachzufolgen. Der Seminarist erlebt die Schönheit der Berufung in dem Moment, den wir als die Zeit des „Verliebtseins" bezeichnen könnten. Sein Inneres ist erfüllt von einem Staunen, das ihn betend sagen lässt: „Herr, warum gerade ich?" Doch die Liebe kennt kein „Warum", sie ist ungeschuldetes Geschenk, auf das man mit dem Geschenk seiner selbst antwortet.

Das Seminar ist eine Zeit, die zur Ausbildung und zur Unterscheidung bestimmt ist. Die Ausbildung hat, wie Ihr wisst, verschiedene Dimensionen, die in der Einheit der Person zusammenlaufen: Sie umfasst den menschlichen, den geistig-geistlichen und den kulturellen Bereich. Ihr tiefstes Ziel ist es, den Gott von innen her kennenzulernen, der uns in Jesus Christus sein Gesicht gezeigt hat. Darum ist ein gründliches Studium der Heiligen Schrift sowie des Glaubens und des Lebens der Kirche notwendig, in der diese Schrift lebendiges Wort bleibt. All dies muss in Zusammenhang stehen mit dem Fragen unserer Vernunft und so mit dem Kontext unseres menschlichen Lebens heute. Dieses Studium mag manchmal mühsam erscheinen, aber es ist ein unersetzlicher Teil unserer Begegnung mit Christus und unserer Berufung, ihn zu verkündigen. Alles soll dazu dienen, eine kohärente und ausgeglichene Persönlichkeit zu entfalten, die imstande ist, die priesterliche Aufgabe gültig zu übernehmen und dann verantwortlich zu erfüllen. Entscheidend ist die Rolle der Ausbildenden: Die Qualität des Priesterkollegiums in einer Teilkirche hängt zum guten Teil von der des Seminars ab und damit von der Qualität derjenigen, die für die Ausbildung verantwortlich sind.

Liebe Seminaristen, gerade aus diesem Grund beten wir heute mit herzlicher Dankbarkeit für all Eure Oberen, Professoren und Erzieher, deren geistige Anwesenheit hier bei unserem Treffen wir spüren. Bitten wir den Herrn, dass sie die ihnen anvertraute so wichtige Aufgabe auf beste Weise erfüllen können. Das Seminar ist eine Zeit des Weges, der Suche, vor allem aber der Entdeckung Christi. Tatsächlich kann der junge Mensch nur in dem Maße, wie er Christus persönlich erfährt, dessen Willen und damit die eigene Berufung in Wahrheit erkennen. Je besser Du Jesus kennst, umso mehr zieht Dich sein Geheimnis an; je tiefer Du ihm begegnest, umso mehr drängt es Dich, ihn zu suchen. Das ist eine Bewegung des Geistes, die das ganze Leben hindurch fortdauert und die im Seminar eine Zeit voller Verheißungen erfährt, sozusagen ihren „Frühling".

In Betlehem angekommen – so sagt die Heilige Schrift –, gingen die Sterndeuter „in das Haus und sahen das Kind und Maria, seine Mutter; da fielen sie nieder und beteten es an" (Mt 2,11). Das ist endlich der so sehr erwartete Augenblick: die Begegnung mit Jesus. „Sie gingen in das Haus": Dieses Haus stellt in gewisser Weise die Kirche dar. Um dem Retter zu begegnen, muss man in das Haus eintreten, das die Kirche ist. Während der Seminarzeit vollzieht sich im Bewusstsein des jungen Seminaristen ein ganz bedeutender Reifungsprozess: Er sieht die Kirche nicht mehr „von außen", sondern empfindet sie sozusagen „von innen", als sein „Haus", weil sie das Haus Christi ist, wo „Maria, seine Mutter" wohnt. Und gerade die Mutter ist es, die ihm Jesus, ihren Sohn, zeigt, ihn ihm vorstellt und ihm ermöglicht, ihn gewissermaßen zu sehen, zu berühren und in die Arme zu nehmen. Maria lehrt ihn, Jesus mit den Augen des Herzens zu betrachten und von ihm zu leben. In jedem Augenblick des Seminarlebens kann man diese liebevolle Gegenwart der Mutter des Herrn spüren, die jeden in die Begegnung mit Christus einführt, im Schweigen der Meditation, im Gebet und in der Brüderlichkeit. Maria hilft, dem Herrn vor allem in der Eucharistiefeier zu begegnen, wenn er im Wort und im verwandelten Brot zu unserer täglichen geistigen Nahrung wird.

„Da fielen sie nieder und beteten es an ... Dann holten sie ihre Schätze hervor und brachten ihm Gold, Weihrauch und Myrrhe als Gaben dar" (Mt 2,11–12). Das ist der Höhepunkt des ganzen Weges: Die Begegnung wird zur Anbetung, mündet in einen Akt des Glaubens und der Liebe, der in dem von Maria geborenen Jesus den menschgewordenen Sohn Gottes erkennt. Ist nicht in der Geste der Sterndeuter bereits der Glaube des Simon Petrus und der anderen Jünger, der Glaube des Paulus und aller anderen Heiligen, insbesondere der heiligen Seminaristen und Priester, vorgebildet, die die zweitausend Jahre der Geschichte der Kirche gekennzeichnet haben? Das Geheimnis der Heiligkeit ist die Freundschaft mit Christus und die treue Zustimmung zu seinem Willen. „Christus ist für uns alles", sagte der hl. Ambrosius, und der hl. Benedikt ermahnte, der Liebe zu Christus nichts vorzuziehen. Möge Christus für Euch alles sein. Vor allem Ihr, liebe Seminaristen, bringt ihm das Kostbarste dar, was Ihr besitzt, wie der verehrte Johannes Paul II. in seiner Botschaft für diesen Weltjugendtag vorschlug: das Gold Eurer Freiheit, den Weihrauch Eures Gebets, die Myrrhe Eurer tiefsten Liebe (vgl. Nr. 4).

Das Seminar ist die Zeit der Vorbereitung auf die Sendung. Die Weisen aus dem Orient „kehrten zurück" in ihr Land, und sicher legten sie Zeugnis ab von ihrer Begegnung mit dem König der Juden. Auch Ihr werdet nach dem langen und notwendigen Ausbildungsgang des Seminars ausgesendet werden, um geweihte Diener Christi zu sein; jeder von Euch wird als ein „alter Christus" zu den Menschen zurückkehren. Auf ihrer Heimreise mussten die Sterndeuter sich sicher mit Gefahren, Mühen, Verirrungen und Zweifeln auseinandersetzen ... Der Stern, der sie geführt hatte, war nicht mehr da! Inzwischen trugen sie das Licht in sich. Ihnen oblag es nun, es zu hüten und zu nähren in der ständigen Erinnerung an Christus, an sein heiliges Angesicht, an seine unbeschreibliche Liebe.

Liebe Seminaristen! So Gott will, werdet auch Ihr eines Tages, vom Heiligen Geist geweiht, Eure Sendung beginnen. Erinnert Euch immer an die Worte Jesu: „Bleibt in meiner Liebe" (Joh 15,9). Wenn Ihr bei Christus, mit Christus und in Christus bleibt, werdet Ihr, wie er verheißen hat, reiche Frucht bringen. Nicht Ihr habt ihn erwählt – das haben wir gerade in den Zeugnissen gehört –, sondern er hat Euch erwählt (vgl. Joh 15,16): Das ist das Geheimnis Eurer Berufung und Eurer Sendung! Es ist im unbefleckten Herzen Marias bewahrt; sie wacht mit mütterlicher Liebe über jeden von Euch. Wendet Euch oft und vertrauensvoll an Maria. Ich versichere Euch allen meine Liebe und mein tägliches Gebet und erteile Euch von Herzen den Segen."

http://www.wjt2005-seminaristen.de/deutsch/zeugnisse/schwerpunkte.htm

Ansprache von Papst Benedikt XVI. bei der Begegnung mit den Priestern und Ständigen Diakonen Bayerns am 14. September 2006 im Freisinger Dom während der apostolischen Reise nach München, Altötting und Regensburg

Kathedrale Hl. Maria und Hl. Korbinian, Freising, Donnerstag, 14. September 2006

Liebe Mitbrüder im bischöflichen und priesterlichen Dienst, liebe Schwestern und Brüder!

Dies ist für mich ein Augenblick der Freude und einer großen Dankbarkeit – Dankbarkeit für alles, was ich auf diesem Pastoralbesuch in Bayern erleben und empfangen durfte. So viel Herzlichkeit, so viel Glaube, so viel Freude an Gott, dass es mich tief getroffen hat und als Quelle neuer Kraft mit mir geht. Dankbarkeit dann besonders dafür, dass ich nun am Ende noch in den Freisinger Dom zurückkehren durfte und dass ich ihn in seiner leuchtenden neuen Gestalt sehen darf. Dank Kardinal Wetter, Dank den anderen beiden bayerischen Bischöfen, Dank aber allen, die mitgearbeitet haben, Dank der Vorsehung, die die Renovierung des Domes ermöglicht hat, der nun in dieser neuen Schönheit dasteht! Jetzt, da ich in diesem Dom stehe, steigen so viele Erinnerungen in mir wieder auf, auch wenn ich die alten Weggefährten sehen darf, und die jungen Priester, die die Botschaft, die Fackel des Glaubens, weitertragen. Es tauchen die Erinnerungen daran auf – Kardinal Wetter hat es eben schon angedeutet –, wie ich hier bei der Priesterweihe auf dem Boden hingestreckt lag und, gleichsam eingehüllt in die Allerheiligenlitanei, in die Bitte aller Heiligen, wusste, dass wir auf diesem Weg nicht allein sind, sondern dass die große Schar der Heiligen mit uns geht und dass die lebendigen Heiligen, die Gläubigen von heute und von morgen, uns mittragen und begleiten. Dann der Augenblick der Handauflegung … und schließlich, als Kardinal Faulhaber uns das Wort Jesu zurief: *„Iam non dico vos servos, sed amicos"* – „Ich nenne euch nicht mehr Knechte, sondern Freunde“, da habe ich Priesterweihe erfahren als Einweihung in die Gemeinschaft der Freunde Jesu, die gerufen sind, mit ihm zu sein und seine Botschaft zu verkünden.

Erinnerung dann daran, dass ich hier selbst Priester und Diakone weihen durfte, die nun im Dienst des Evangeliums stehen und die Botschaft durch viele Jahre hindurch – und es sind jetzt schon Jahrzehnte! – weitergetragen haben und immer noch weitertragen. Und dann denke ich natürlich an die Korbinian-Prozessionen. Damals war es noch so, dass man den Schrein öffnete. Und da der Bischof hinter dem Schrein stand, konnte ich direkt auf den Schädel des heiligen Korbinian schauen und mich in der Prozession der Jahrhunderte sehen, die den Weg des Glaubens geht – sehen, dass wir in dieser großen „Prozession aller Zeiten“ mitgehen dürfen und sie fortführen in die Zukunft hinein, was ganz deutlich wurde, wenn der Weg durch den Kreuzgang und an den vielen dort versammelten Kindern vorbeiführte, denen ich das Segenskreuz aufdrücken durfte. In diesem Augenblick spüren wir es wieder, dass wir in der großen Prozession, in der Pilgerschaft des Evangeliums stehen, dass wir zugleich Pilger und Pilgerführer sein dürfen und dass wir denen nachgehen, die Christus nachgegangen sind, mit ihnen ihm selbst nachgehen und so ins Licht hineingehen.

Jetzt sollte ich zur eigentlichen Predigt kommen, und da möchte ich nur auf zwei Punkte näher eingehen. Der eine bezieht sich auf das eben vorgetragene Evangelium, das wir alle so oft gehört und ausgelegt und in unserem Herzen betrachtet haben. „Die Ernte ist groß“, sagt der Herr. Und wenn er sagt: „… ist groß“, dann meint er es nicht nur für jenen Augenblick und für die Wege Palästinas, über die er in seinem Erdenleben pilgerte, dann gilt das auch für heute. Das heißt: In den Herzen der Menschen wächst Ernte. Das heißt, noch einmal: In ihnen ist das Warten auf Gott da. Das Warten auf eine Weisung, die Licht ist, die den Weg zeigt. Das Warten auf ein Wort, das mehr ist als Wort. Das Hoffen, das Warten auf die Liebe, die über den Augenblick hinaus uns ewig trägt und empfängt. Die Ernte ist groß und wartet in allen Generationen auf

Erntearbeiter. Und in unterschiedlicher Weise gilt in allen Generationen auch immer das andere Wort: „Der Arbeiter sind wenige."

„Bittet den Herrn der Ernte, dass er Arbeiter sendet!" Das bedeutet: Die Ernte ist da, aber Gott will sich der Menschen bedienen, damit sie eingebracht werde. Gott braucht Menschen. Er braucht solche, die sagen: Ja, ich bin bereit, dein Erntearbeiter zu werden, ich bin bereit zu helfen, dass diese Ernte, die in den Menschen reift, wirklich in die Scheunen der Ewigkeit eingehen und Gottes ewige Gemeinschaft der Freude und der Liebe werden kann. „Bittet den Herrn der Ernte!" Das will auch sagen: Wir können Berufungen nicht einfach „machen", sie müssen von Gott kommen. Wir können nicht, wie vielleicht in anderen Berufen, durch gezieltes Management, entsprechende Strategien sozusagen, einfach Leute rekrutieren. Die Berufung muss immer den Weg vom Herzen Gottes aus zum Herzen des Menschen finden. Und trotzdem: Gerade, damit sie im Herzen der Menschen ankommen kann, ist auch unser Mittun gefordert. Den Herrn der Ernte darum bitten, das bedeutet gewiss zuallererst, dass wir darum beten, dass wir an seinem Herzen rütteln und sagen: „Tu es doch! Wecke die Menschen auf! Entzünde in ihnen die Begeisterung für das Evangelium und die Freude daran! Lass sie erkennen, dass es der Schatz über allen Schätzen ist und dass, wer es entdeckt hat, es weitergeben muss!"

Wir rütteln am Herzen Gottes. Aber Gott bitten geschieht eben nicht nur in den Gebetsworten, sondern darin, dass aus Wort Tun wird, dass aus unserem betenden Herzen dann der Funke der Freude an Gott, der Freude am Evangelium, der Bereitschaft zum „Ja-sagen" in die anderen Herzen überspringt. Als betende Menschen, als von seinem Licht Erfüllte, kommen wir zu den anderen, ziehen sie in unser Gebet und so in die Gegenwart Gottes hinein, der dann das Seine tut. In diesem Sinn wollen wir immer neu den Herrn der Ernte bitten, an seinem Herzen rütteln und mit ihm in unserem Gebet auch die Herzen der Menschen anrühren, dass Gott nach seinem Willen darin das „Ja" reifen lasse, die Bereitschaft; und dann die Beständigkeit, durch all die Wirrnisse der Zeit, durch die

Hitze des Tages und auch durch das Dunkel der Nacht treu in seinem Dienst zu bleiben und von ihm her immer wieder zu erkennen – auch wenn es mühselig ist –, dass diese Mühsal schön ist, dass sie nützlich ist, weil sie zum Eigentlichen hilft, dass nämlich Menschen das empfangen, worauf sie bauen: Gottes Licht und Gottes Liebe.

Der zweite Punkt, den ich behandeln möchte, ist eine ganz praktische Frage. Die Zahl der Priester ist geringer geworden, auch wenn wir in diesem Augenblick sehen dürfen, dass es uns wirklich gibt, dass auch heute junge und alte Priester da sind und dass junge Menschen vorhanden sind, die sich auf den Weg zum Priestertum machen. Aber die Lasten sind schwerer geworden: Zwei, drei, vier Pfarreien zusammen zu betreuen und dies mit all den neuen Aufgaben, die hinzugekommen sind, das kann entmutigend sein. Immer wieder wird die Frage an mich herangetragen, jeder Einzelne stellt sie sich, stellt sie seinen Mitbrüdern: Wie sollen wir denn das machen? Ist das nicht ein Beruf, der uns ausbrennt, in dem wir am Ende eben keine Freude mehr haben können, weil wir sehen, dass es rundherum nicht reicht, was wir auch tun mögen? All das überfordert uns!

Was soll man dazu sagen? Nun, ich kann natürlich keine Patentrezepte geben, aber ich möchte doch ein paar Grundregeln vermitteln. Die erste nehme ich aus dem Philipperbrief (vgl. 2,5–8), wo der heilige Paulus allen – und natürlich ganz besonders denen, die im Erntefeld Gottes arbeiten – sagt, dass wir „die Gesinnung Jesu Christi" haben sollen. Seine Gesinnung war es, dass er es angesichts des Menschenschicksals in seiner Herrlichkeit gleichsam nicht mehr aushielt, sondern heruntersteigen und das Unglaubliche, die ganze Armseligkeit eines menschlichen Lebens annehmen musste bis in die Stunde des Kreuzesleidens hinein. Das ist die Gesinnung Jesu Christi: sich gedrängt fühlen, zu den Menschen das Licht des Vaters zu bringen, ihnen zu helfen, damit Reich Gottes aus ihnen und in ihnen werde. Und die Gesinnung Jesu Christi ist es zugleich, dass er immer zutiefst in der Gemeinschaft mit dem Vater verwurzelt, in sie eingesenkt ist. Wir sehen es sozusagen äußerlich daran, dass die Evangelisten uns immer wieder erzählen, dass er sich auf den Berg zurückzieht, er allein, um zu beten. Sein Wirken kommt aus dem Eingesenktsein in den Vater: Gerade dieses Eingesenktsein in den Vater bedeutet, dass er herausgehen und durch alle Dörfer und Städte ziehen muss, um Gottes Reich, das heißt seine Gegenwart, sein „Dasein“ mitten unter uns zu verkündigen, damit es in uns Gegenwart werde und durch uns die Welt verwandle, damit sein Wille geschehe, wie im Himmel so auf Erden, und der Himmel auf die Erde komme. Diese beiden Aspekte gehören zur Gesinnung Jesu Christi: Einerseits Gott von innen her kennen, Christus von innen her kennen, mit ihm beieinander sein. Nur wenn das gegeben ist, entdecken wir den „Schatz“ wirklich. Und dann müssen wir andererseits auch zu den Menschen gehen, dann können wir ihn nicht für uns behalten und müssen ihn weitergeben.

Diese Grundregel der Gesinnung Jesu Christi mit ihren beiden Seiten würde ich dann ins Praktische noch einmal umsetzen und sagen: Es muss das Miteinander von Eifer und Demut, das heißt der Anerkennung der eigenen Grenzen, geben. Einerseits der Eifer: Wenn wir Christus wirklich immer neu begegnen, können wir ihn nicht für uns behalten. Dann drängt es uns, zu den Armen, zu den Alten, zu den Schwachen und ebenso auch zu den Kindern und zu den Jugendlichen, zu den Menschen auf der Höhe des Lebens zu gehen, dann drängt es uns, „Evangelisten“, Apostel Jesu Christi zu sein. Aber dieser Eifer, damit er nicht leer wird und uns zerstört, muss sich mit der Demut, der Bescheidung, mit der Annahme unserer Grenzen verbinden. So vieles müsste getan werden – ich sehe, ich kann es nicht. Das gilt für die Pfarrer – ich ahne wenigstens, wie sehr –, das gilt auch für den Papst; der sollte so viel tun! Und meine Kräfte reichen einfach nicht dafür aus. So muss ich lernen, das zu tun, was ich kann, und das andere Gott und den Mitarbeitern zu überlassen und zu sagen: „Am Ende musst es ja Du machen, denn die Kirche ist Deine Kirche. Und Du gibst mir nur so viel Kraft, wie ich eben habe. Sie sei Dir geschenkt, denn sie kommt von Dir, aber das andere überlasse ich eben Dir.“ Ich glaube, diese Demut, das anzunehmen – „Hier hört meine

Kraft auf, ich überlasse es Dir, Herr, dass Du das andere tust" –, diese Demut ist entscheidend. Und dann darauf vertrauen: Er wird mir auch Mitarbeiter schenken, die weiterhelfen und die tun, was ich nicht kann.

Und noch einmal, auf eine dritte Ebene „übersetzt", heißt dieses Miteinander von Eifer und Bescheidung dann auch das Miteinander von Dienst in all seinen Dimensionen und von Innerlichkeit. Wir können den anderen nur dienen, wir können nur geben, wenn wir auch selbst empfangen, wenn wir selber nicht leer werden. Und darum gibt uns die Kirche gleichsam die Freiräume vor, die einerseits Räume dieses neuen inneren „Aus- und Einatmens" und andererseits zugleich Mittelpunkt und Quellgründe des Dienens sind. Da ist zunächst die tägliche Feier der heiligen Messe: Vollziehen wir sie nicht wie etwas, das eben „dran ist" und das ich halt „machen muss", sondern feiern wir sie von innen her! Geben wir uns in die Worte, in die Handlungen, in das Geschehen hinein, das da wahr ist! Wenn wir die Messe betend feiern, wenn wir dieses „Dies ist mein Leib" wirklich aus der Gemeinschaft mit Jesus Christus heraus sprechen, der uns die Hände aufgelegt hat und uns ermächtigt hat, mit diesem seinem Ich zu sprechen, wenn wir glaubend und betend von innen her Eucharistie begehen, dann ist sie nicht eine äußere Pflicht, dann ist die „ars celebrandi" von selbst da, die eben darin besteht, es vom Herrn her und mit ihm und so recht für die Menschen zu tun. Dann werden wir dabei selbst immer neu beschenkt und bereichert und geben zugleich das, was mehr ist als unser Eigenes, nämlich die Gegenwart des Herrn, an die Menschen weiter.

Der andere Freiraum, den uns die Kirche sozusagen auflegt und dadurch auch befreiend vorgibt, ist das Stundengebet. Versuchen wir, es wirklich mitzubeten, mitzubeten mit dem Israel des Alten und des Neuen Bundes, mitzubeten mit den Betern aller Jahrhunderte, mitzubeten mit Jesus Christus als dem tiefsten Ich, dem tiefsten Subjekt dieser Gebete. Und indem wir so beten, nehmen wir auch die anderen Menschen, die dafür nicht Zeit oder Kraft oder Fähigkeit haben, ins Beten hinein. Wir selber als betende Menschen beten stellvertretend für die anderen und tun damit einen pastoralen Dienst ersten Grades. Dies ist nicht ein Rückzug ins Private, sondern dies ist eine pastorale Priorität, dies ist ein seelsorgliches Tun, in dem wir selber neu Priester werden, neu von Christus angefüllt werden, die anderen in die betende Kirche hineinnehmen und zugleich die Kraft des Gebetes, die Gegenwart Jesu Christi, hineinströmen lassen in diese Welt.

Das Motto dieser Tage hat gelautet: „Wer glaubt, ist nie allein". Dieses Wort gilt und soll gelten gerade auch für uns Priester, für jeden von uns. Und wieder gilt es in einem doppelten Sinn: Wer Priester ist, ist nie allein, weil Jesus Christus immer bei ihm ist. Er ist bei uns; seien wir auch bei ihm! Aber es muss auch in dem anderen Sinn gelten: Wer Priester wird, wird in ein Presbyterium hineingefügt, in eine Gemeinschaft von Priestern mit dem Bischof. Und er ist Priester im Mitsein mit seinen Mitbrüdern. Mühen wir uns darum, dass dies nicht nur eine theologische und juristische Vorgabe bleibt, sondern dass es für jeden von uns erfahrbar wird. Schenken wir uns dieses Mitsein, gerade denen, von denen wir wissen, dass sie unter Einsamkeit leiden, dass Fragen und Nöte auf sie hereinstürzen, vielleicht Zweifel und Ungewissheit! Schenken wir uns dieses Mitsein, dann werden wir in diesem Mitsein mit dem anderen, mit den anderen umso mehr und umso freudiger immer neu auch das Mitsein Jesu Christi erleben. Amen.